Ma maison du Sud

ou, le Sud et ses habitants

William Wells Brown

Writat

Cette édition parue en 2024

ISBN : 9789361465642

Publié par
Writat
email : info@writat.com

Contenu

PRÉFACE.

Aucune tentative n'a été faite pour créer des héros ou des héroïnes, ni pour faire appel à l'imagination ou au cœur.

Les incidents antérieurs ont été écrits à partir des souvenirs de l'auteur. Les croquis ultérieurs donnés ici sont le résultat de récentes visites dans le Sud, où les incidents ont été notés au moment de leur survenance, ou au fur et à mesure qu'ils sortaient de la bouche des narrateurs, et dans leur propre dialecte sans fioritures.

BOSTON , mai 1880.

CHAPITRE I.

À DIX milles au nord de la ville de Saint-Louis, dans l'État du Missouri, dans une plaine agréable, en pente vers un ruisseau murmurant, se dressait une grande maison à ossature de deux étages ; en face se trouvait un beau lac et, en arrière, un vieux verger rempli de pommiers, de pêchers, de poiriers et de pruniers, aux branches non taillées, tous portant des fruits indifférents. Le manoir était entouré de places couvertes de vignes, de clématites et de passiflores ; le Pride of China mélangeait son feuillage d'aspect oriental avec le magnolia majestueux, et l'air était parfumé du parfum des bourgeons qui jaillissaient de tous les coins et vous saluaient avec un accueil des plus inattendus.

La main de bon goût de l'art, qui se montre dans les jardins des villas européennes et de la Nouvelle-Angleterre, n'y était pas vue, mais la beauté somptueuse et le désordre harmonieux de la nature ont pu suivre leur propre cours et ont manifesté un manque de goût si commun. observé sous le soleil du Sud.

Les effets meurtriers de la plante de tabac sur les terres de « Poplar Farm » étaient visibles dans la croissance abondante de la bruyère, du chardon, de la bardane et de l'herbe de Simpson, qui se manifestaient partout où le bras puissant de l'esclave n'avait pas été présent. les a tenus à terre.

Le Dr Gaines, propriétaire de « Poplar Farm », était un vieux monsieur de bonne humeur et au côté ensoleillé, qui, toujours heureux lui-même, souhaitait que tout le monde jouisse de la même bénédiction. Malheureusement pour lui, le Docteur était né et avait grandi en Virginie, dans une famille prétendant appartenir aux « FFV », mais, en réalité, il était relativement pauvre. En épousant Mme Sarah Scott Pepper, une veuve accomplie de fortune moyenne, le Dr Gaines a émigré au Missouri, où il est devenu un homme de premier plan dans sa localité.

Profondément imprégné du sentiment religieux de l'école calviniste, versé dans les Écritures et ayant une foi inébranlable dans la puissance de l'Évangile pour régénérer le monde, le Docteur prenait un grand plaisir à présenter ses vues partout où ses fonctions l'appelaient.

En tant que médecin, il n'avait pas un rang très élevé, car on rapportait couramment, et on croyait généralement, que le père, trouvant son fils inapte aux affaires commerciales ou à la loi, décida de faire de lui soit un ecclésiastique, soit un médecin. M. Gaines, Senior, étant quelque peu superstitieux, résolut de ne pas régler la question trop témérairement en ce qui concerne la profession de son fils. C'est pourquoi, dit-on, il lança un centime, estimant que « pile ou face » serait de meilleur augure que le sien.

jugement en la matière. Heureusement pour la cause religieuse, la tête s'est tournée en faveur du corps médical. Néanmoins, le fils disait souvent qu'il croyait que Dieu l'avait destiné à l' *appel sacré* et consacrait une grande partie de son temps à exhorter ses voisins à rechercher la repentance.

La plupart des planteurs de notre section se souciaient peu de la formation religieuse de leurs esclaves, les considérant comme ils le faisaient pour leur bétail, investissement dont le retour ne devait être considéré qu'en dollars et en cents. Ce n'est cependant pas le cas du Dr John Gaines, car il était particulièrement fier de veiller au bien-être spirituel de ses esclaves, en les réunissant tous dans la « grande maison », au culte familial, soir et matin.

Le matin du sabbat, la lecture et l'explication des Écritures duraient généralement une à deux heures, et souvent jusqu'à ce que la moitié des nègres présents soient profondément endormis. Les membres blancs de la famille n'apprécièrent pas autant l'enseignement religieux du médecin que les noirs.

J'ai eu le plus grand respect pour son zèle chrétien, car je l'ai toujours considéré comme un homme vraiment pieux et consciencieux, prêt à tout moment à donner de ses moyens le nécessaire à la propagation de l'Évangile.

Mme Sarah Gaines était une dame d'un mérite considérable, bien instruite et d'une piété incontestable. Si elle ne se joignit pas de bon cœur à l'enthousiasme religieux de son mari, ce n'était pas faute d'un sentiment chrétien profond et authentique, mais parce qu'il était d'origine plus humble qu'elle et, par conséquent, n'était pas un instructeur compétent.

Cette différence de naissance, cette différence d'antécédents fait beaucoup dans le Sud pour perturber les relations familiales partout où elles existent, et Mme Gaines, lorsqu'elle souhaite montrer son mépris pour les opinions du Docteur, ferait allusion à sa propre filiation et à sa propre naissance en comparaison avec elle. celui du mari. Ainsi, un jour, alors qu'ils faisaient un « pot de famille », elle, les larmes coulant sur ses joues et se tordant les mains, dit :

« Ma mère m'a dit que j'étais idiote d'épouser un homme tellement inférieur à moi, tellement inférieur à moi dans la société. Et maintenant, montrez-le-moi en me harcelant et en m'exaspérant autant que vous le pouvez. Mais peu importe ; Je remercie le Seigneur de m'avoir donné la religion et la grâce pour le supporter. Qu'à cela ne tienne, un de ces jours, le Seigneur composera ses joyaux, me ramènera chez moi dans la gloire, hors de ta vue, et alors j'en serai diablement heureux !

Ces scènes désagréables, cependant, n'étaient pas courantes et, par conséquent, la grande maison de la « Ferme des peupliers » peut être considérée comme ayant une famille heureuse.

Les enfants d'esclaves, au teint presque albâtre, aux cheveux raides et aux yeux bleus, dont les mères étaient noir de jais ou brunes, étaient souvent une grande source de contrariété dans la maison du Sud, et en particulier pour la maîtresse du manoir.

Billy, un quadroon de huit ou neuf ans, était parmi les jeunes esclaves, dans la maison du Docteur, alors en cours de formation pour devenir domestique. Quiconque jetterait un rapide coup d'œil au garçon ne soupçonnerait jamais qu'une goutte de sang nègre coulait dans ses veines bleues. Un monsieur, dont le docteur Gaines avait fait la connaissance, mais qui ne savait rien des relations familiales de ce dernier, vint à la maison en l'absence du docteur. Mme Gaines reçut l'étranger et lui demanda de s'asseoir et de rester jusqu'au retour de l'hôte. En attendant ainsi, le garçon, Billy, eut l'occasion de traverser la pièce. L'étranger, supposant que le garçon était le fils du docteur, s'écria : « Comment allez-vous ? et se tournant vers la dame, il dit : « Comme il ressemble à son père ! J'aurais dû savoir que c'était le fils du Docteur, si je l'avais rencontré au Mexique !

Le visage rouge et la voix excitée, Mme Gaines a informé le monsieur que le petit bonhomme n'était « qu'un esclave et rien de plus ». Après le départ de l'étranger, on a vu Billy arrachant l'herbe dans le jardin, la tête, le cou et les épaules nus, tandis que les rayons du soleil brûlant semblaient faire fondre l'enfant.

Ce processus était répété tous les quelques jours dans le but de donner à l'esclave la couleur que la nature lui avait refusée. Et pourtant, Mme Gaines n'était pas considérée comme une femme cruelle, mais plutôt comme une maîtresse bienveillante. Billy, cependant, quelques jours plus tard, éprouva une torréfaction bien plus sévère que celle qu'il avait subie au soleil.

La matinée était fraîche et la table du petit déjeuner était dressée près de la cheminée, où flambait un feu nouvellement allumé. Mme Gaines, étant assise assez près pour sentir très sensiblement les flammes grandissantes, ordonna à Billy de se tenir devant elle.

Le garçon obéit aussitôt. Ses vêtements minces ne le protégeant que peu du feu, le garçon commença bientôt à maquiller des grimaces, à se tordre et à se déplacer, montrant des signes évidents de souffrance.

« Pourquoi vous embêtez-vous ? » demanda la maîtresse. «Ça me brûle», répondit le garçon; « Retournez-vous donc », dit la maîtresse ; et l'esclave commença à se retourner, continuant jusqu'à ce que la dame se lève de table.

Billy, cependant, n'était pas entièrement dépourvu de quelques miettes de réconfort. Il était de son devoir d'apporter le biscuit chaud de la cuisine à la grande table de la maison pendant que les blancs étaient au repas. Le garçon profitait souvent de l'occasion, prenait un « gâteau » dans l'assiette et le cachait dans sa poche jusqu'à la fin du petit-déjeuner, puis profitait de son gain volé. Un matin, Mme Gaines, observant que le garçon ne cessait de bouger dans la pièce après avoir apporté les « gâteaux », et voyant également la poche du petit bonhomme dépasser assez largement, et supposant qu'il y avait quelque chose de chaud là-bas, dit : « Venez ici. .» Le garçon arriva ; elle pressa sa main contre la poche chaude, ce qui fit sursauter le garçon. La maîtresse répéta encore : « Viens ici », et avec le même résultat.

Ceci, bien sûr, fit rugir toute la salle, les domestiques et tout le monde. On ordonna encore et encore au garçon de "monter", ce qu'il fit, chaque fois en sautant en arrière, jusqu'à ce que la chaleur du biscuit soit épuisée, puis on lui demanda de le sortir et de le jeter dans la cour, où les oies s'en empara et y organisa un carnaval. Ses compagnons de cuisine et de quartier se moquaient chaleureusement de Billy, et la grosse ampoule causée par le biscuit chaud créait de la gaieté parmi les esclaves plutôt que de la sympathie pour le garçon.

Mme Gaines étant absente un jour de la maison et le reste de la famille absent, Billy commença à jouer avec le fusil de chasse qui se trouvait dans un coin de la pièce et que le garçon supposait déchargé ; sur une étagère d'angle, juste au-dessus du fusil, se trouvait une boîte à ruban dans laquelle étaient soigneusement rangées toutes les casquettes et manchettes de Mme Gaines, qui, à cette époque, étaient d'une grande utilité.

Le fusil étant muni d'une platine à silex, le garçon s'amusait à abattre le marteau et à tirer. Par cette action, de la poudre était versée dans le bac, et le pistolet, qui était lourdement chargé de grenaille, était déchargé, le contenu passant à travers la boîte à bande de capsules, les coupant littéralement en morceaux et les éparpillant sur le sol.

Billy rassembla les fragments, les mit dans la boîte et la plaça sur l'étagère, lui seul au courant de l'accident.

Quelques jours plus tard, Mme Gaines attendait de la compagnie ; elle a appelé Hannah pour lui procurer une casquette propre. Le serviteur, en essayant de démonter la boîte, s'est exclamé : « Seigneur, mademoiselle, les rats ne sont pas là dans les bouchons et ne les coupez pas tous en morceaux, je regarde ici. Avec un étonnement difficile à décrire, la maîtresse vit les fragments vidés sur le sol.

À ce moment-là, une nouvelle idée frappa Hannah et elle dit : « Je pose tout ce que l'arme a tiré. »

« Où est Billy ? Où est Billy ? s'écria la maîtresse ; "Où est Billy?" répéta Hannah ; craignant que la dame n'entre en convulsions, je me suis dépêché de chercher le garçon, mais il n'était nulle part ; Je suis revenu seulement pour la trouver pleurant et se tordant les mains, s'écriant : « Oh, je suis ruiné, je suis ruiné ; la compagnie arrive et pas une casquette propre sur la maison ; Oh, que dois-je faire, que dois-je faire ?

J'essayai de la réconforter en lui suggérant que les domestiques pourraient en préparer un à temps ; Billy apparut bientôt et regarda avec étonnement ; et, lorsqu'on lui a demandé comment il avait tiré avec ce fusil, il a déclaré qu'il n'en savait rien ; et "si le canon est parti, c'est tout seul." Cependant, le garçon a admis le claquement du verrou ou de la gâchette. Un léger coup de fouet fut tout ce qu'il reçut, et pour lequel il fut bien récompensé en ayant l'occasion de raconter comment « les casquettes volèrent dans la pièce lorsque le coup de feu partit ».

Racontant l'événement quelque temps après dans les quartiers, il dit : « Bon sang, vous n'aviez pas vu ces casquettes voler, et la poussière et la fumée dans la pièce. Je pensais que le jour du jugement était venu, bien sûr. A l'arrivée de la compagnie, Mme Gaines fit une apparition très présentable, bien que les casquettes et les lacets aient été détruits. L'un des visiteurs à cette occasion était un jeune M. Sarpee, de Saint-Louis, qui, bien que âgé de plus de vingt et un ans, n'avait jamais rien vu de la vie à la campagne et, par conséquent, était très désireux de passer la nuit. et partez à la chasse au coon. Le Dr Gaines, étant boiteux, ne put accompagner le monsieur, mais envoya Ike, Cato et Sam ; trois des chasseurs de coons les plus experts de la ferme. La nuit arriva et le jeune homme et les garçons partirent à la chasse au raton laveur. Les chiens flairèrent le gibier, après avoir passé environ une demi-heure dans les bois, au grand plaisir de M. Sarpee, qui était armé d'un pistolet à double canon, qui, disait-il, doit être porté à la fois pour « se protéger et pour tirer sur le gibier ». nègre."

L'arrêt des garçons et l'aboiement rapide et aigu des chiens annonçaient que le gibier était « arboré », et le gentleman de la ville s'avança avec l'attente affectueuse de voir le raton laveur et d'utiliser son pistolet. Cependant, les garçons poussèrent bientôt le cri : « putois, putois ; sortez de là » ; et en même temps, ils reculaient comme s'ils avaient peur d'une attaque de l'animal. Ce n'est pas le cas de M. Sarpee ; il resta debout, le pistolet à la main, attendant de voir le match. Il ne resta pas longtemps en suspens, car la créature tachetée de blanc et de noir fit bientôt son apparition, sur quoi le gentilhomme de la ville ouvrit le feu sur la mouffette, à laquelle l'attaque fut immédiatement répondue par l'animal, et d'une manière qui fit souhaiter au jeune homme. que lui aussi s'était retiré avec les garçons. Une telle odeur, il n'en avait jamais respiré auparavant ; et, ce qui était pire, son visage, sa tête, ses mains et ses vêtements étaient couverts de la cause de l'odeur, et le monsieur dit aussitôt : « Venez, rentrons à la maison ; J'en ai assez de chasser le coon. Mais les garçons n'ont-ils pas apprécié le plaisir ?

Le retour des convives à la maison fut le signal d'un rire chaleureux, et tout cela aux dépens du gentleman de la ville. L'odeur était si forte et si désagréable que le jeune homme dut se rendre à la grange, où ses vêtements furent enlevés, et il se soumit au processus de lessive effectué par les domestiques. Savon, brosses à récurer, serviettes, effectivement, tout a été réquisitionné, mais en vain. L'odeur de mouffette était là et risquait de persister. La famille et les visiteurs étaient à la table du petit-déjeuner le lendemain matin, à l'exception de M. Sarpee. Il était toujours dans la grange, où il avait dormi la nuit précédente. Il ne semblait pas non plus y avoir aucun espoir qu'il puisse visiter la maison, car l'odeur était intolérable. Le remplacement des vêtements du Docteur par les siens n'a pas réussi à remédier à l'odeur.

Dinkie, le prestidigitateur, fut appelé. Il regarda le jeune homme, secoua la tête d'un air entendu et dit que c'était un gros travail. M. Sarpee sortit un dollar mexicain en argent, le tendit au vieux nègre et lui dit de faire de son mieux. Dinkie sourit et pensa pouvoir éliminer l'odeur.

Son remède fut de creuser une fosse dans le sol assez grande pour contenir l'homme, de l'y mettre et de le recouvrir de terre fraîche ; par conséquent, M. Sarpee a été, après avoir enlevé tous ses vêtements, enterré, sauf sa tête, tandis que ses vêtements ont été servis de la même manière. Un domestique tenait un parapluie au-dessus du malheureux et l'éventait pendant les huit heures qu'il était là.

Sortis de la fosse à six heures du soir, tous se joignirent à Dinkie pour croire que M. Sarpee « sentait plus doux » que lorsqu'il était enterré le matin ; l'odeur du « putois » était toujours là. Cinq heures supplémentaires dans la fosse, le lendemain, avec un massage de Dinkie, avec son « Goopher », préparèrent le jeune homme à rentrer chez lui en ville.

Je n'ai jamais entendu dire que M. Sarpee s'était à nouveau joint à une « chasse au raton laveur ».

Aucune de mes descriptions, cependant, ne peut donner une idée exacte de la grande joie de toute la population esclave de la « Poplar Farm », provoquée par la « chasse au raton laveur ». Même l'oncle Ned, le vieil esclave retraité, qui sortait rarement des limites de sa propre cabane, sortit, à cette occasion, pour jeter un coup d'œil au « gentleman fum de city », alors qu'il était enterré dans la fosse.

La nuit, dans les quartiers, les esclaves s'amusaient à la « chasse au coon ».

« Bon sang, mais le putois ne lui a-t-il pas donné une grosse dose ? dit Ike.

"Mais comment M. Sarpee lui a parlé français quand de ole coon l'a poivré", a remarqué Cato.

"Il ne partira plus à la chasse au raton laveur, bientôt, je te parie", dit Sam.

« De coon hunt » et « de gemmen fum de city » ont été les sujets de conversation pendant de nombreux jours.

CHAPITRE II.

J'AI déjà dit que le Dr Gaines était un homme doté de profonds sentiments religieux et que cet intérêt ne se limitait pas aux Blancs, car il estimait que c'était le devoir des chrétiens d'aider à sauver toute l'humanité, blanche et noire. Il disait souvent : « Je considère nos nègres comme donnés par une très sage Providence, pour leur bénéfice particulier, et nous devrions leur transmettre la civilisation chrétienne. » Et à cette fin, il a travaillé avec la plus grande fidélité.

Quelle que soit la conduite des travaux dans la plantation, qu'il s'agisse du moment des semailles ou de la récolte, qu'il soit menacé de pluie ou de gel, rien ne pouvait l'empêcher de réunir tous les esclaves aux prières familiales, nuit et matin. De plus, les serviteurs les plus âgés étaient souvent invités à participer aux exercices. Ils dirigeaient toujours les chants et, le matin du sabbat, ils étaient autorisés à poser des questions suscitant des explications bibliques. Bien sûr, certaines questions et certaines prières étaient plutôt grossières et l'effet, pour une personne instruite, était plutôt de susciter le rire que la solennité.

Un matin, sortant de chez lui pour visiter la ville, le Docteur ordonna à Jim, un vieux domestique, de faucher un peu le champ de seigle ; à son retour, trouvant le champ de seigle tel qu'il l'avait laissé le matin, il appela Jim et le fouetta sévèrement sans donner à l'homme l'occasion de dire pourquoi le travail avait été négligé. En racontant la circonstance à table du souper, la femme dit :

"Je suis vraiment désolé que vous ayez fouetté Jim, car je l'ai emmené faire des travaux dans le jardin, parmi mes parterres de fleurs."

LUXE TROPICALE.

À cela, le Docteur répondit : « Peu importe, je vais arranger les choses avec Jim. »

Et bien sûr, il l'a fait, car ce soir-là, lors des prières, il a dit : « Je suis désolé, Jim, de vous avoir corrigé aujourd'hui, car votre maîtresse me dit qu'elle vous a fait travailler dans le jardin de fleurs. Maintenant, Jim, continua-t-il avec émotion, je veux toujours rendre justice à mes serviteurs, et vous savez que je n'ai jamais maltraité aucun d'entre vous intentionnellement, et maintenant, ce soir, je vais vous laisser conduire. prière."

Jim a reconnu avec reconnaissance les excuses et, avec des larmes de gratitude et un cœur débordant, a accepté la situation ; car Jim aspirait à devenir prédicateur, comme la plupart des hommes de couleur, et appréciait grandement l'occasion de montrer ses pouvoirs de persuasion ; et cette nuit-là, le vieillard fit un splendide usage de la liberté qui lui était accordée. Après avoir prié pour tout en général et dit au Seigneur quel grand pécheur il était lui-même, il dit :

« Maintenant, Seigneur, je te hacherais spécialement pour essayer de sauver Marster. Vous savez que Marster pense qu'il est très bon ; tu sais que ce maître dit qu'il va au paradis ; mais Seigneur, j'ai mes doutes ; et pourtant je veux que Marster soit sauvé. S'il vous plaît, convertissez-le à nouveau ; prends-le, cher Seigneur, par la nuque, secoue-le au-dessus de l'enfer et montre-lui son état. Mais, Seigneur, ne le laisse pas tomber en enfer, laisse-le voir où il devrait aller, mais ne le laisse pas partir, chérie. Et maintenant, Seigneur, si tu sauves Maître, je te donnerai la gloire.

L'indignation exprimée par le médecin, à la fin de la prière de Jim, fit comprendre au vieux nègre que, pour une fois, il avait outrepassé le but. « Que veux-tu dire, Jim, en m'insultant de cette manière ? Demander au Seigneur de me convertir à nouveau. Et je prie pour que je sois secoué par l'enfer. J'ai bien envie de vous attacher et de vous donner une bonne correction. Si jamais vous faites une telle prière, je vous fouetterai bien, et je le ferai.

Le Dr Gaines ressentait si intensément le devoir des maîtres envers leurs esclaves qu'il inaugura, avec certains de ses voisins, un mouvement religieux grâce auquel les Noirs des Corners pouvaient prêcher une fois tous les quinze jours, et cela également par un homme blanc instruit. . Le révérend John Mason, l'homme choisi pour ce travail, était un homme trapu, charnu et paresseux qui, en entrant dans une maison, cherchait la chaise la plus proche, en prenait possession et la tenait jusqu'au bout.

Il avait été employé de nombreuses années comme colporteur ou missionnaire, prêchant tantôt aux pauvres blancs, tantôt aux esclaves, service pour lequel il était rémunéré soit par les planteurs, soit par la confession religieuse dominante dans la région où il se trouvait. laborieux. M. Mason avait soigneusement étudié le caractère des gens à qui il était appelé à prêcher et profitait de chaque occasion pour se soustraire à ses devoirs et les confier à certains des esclaves, dont un grand nombre étaient toujours prêts et disposés à les exhorter. lorsqu'on l'appelle.

Nous n'oublierons jamais son premier sermon et la profonde sensation qu'il provoqua tant parmi les maîtres que parmi les esclaves, et surtout ces derniers. Après avoir pris pour texte : « Celui qui connaît la volonté de son maître et ne la fait pas sera frappé de nombreux coups », il parla essentiellement ainsi :

« Maintenant, quand *une correction* vous est donnée, soit vous la méritez, soit vous ne la méritez pas. Mais que vous le méritiez vraiment ou non, c'est votre devoir, et Dieu Tout-Puissant exige que vous le supportiez patiemment.

Vous pensez peut-être que cette doctrine est dure, mais si vous la considérez comme juste, vous devez nécessairement en penser autrement. Supposons donc que vous méritiez une correction, vous ne pouvez que dire qu'il est juste et juste que vous y répondiez. Supposez que vous ne méritiez pas, ou du moins que vous ne méritiez pas une correction aussi sévère pour la faute que vous avez commise, vous en avez peut-être échappé à bien d'autres, et êtes enfin payé pour tout. Ou supposons que vous soyez tout à fait innocent de ce qui vous est reproché et que vous souffriez injustement de cette chose particulière, n'est-il pas possible que vous ayez commis une autre mauvaise chose qui n'a jamais été découverte, et que Dieu Tout-Puissant, qui vous a vu faire cela, ne vous laisserait-il pas vous échapper sans punition, un jour ou l'autre ? Et ne devriez-vous pas, dans un tel cas, lui rendre gloire et lui être reconnaissants qu'il préfère vous punir dans cette vie pour votre méchanceté, plutôt que de détruire vos âmes pour cela dans l'autre vie ? Mais supposons que même cela ne soit pas le cas (un cas difficilement imaginable), et que vous n'ayez en aucun cas, connu ou inconnu, mérité la correction que vous avez subie, il y a en elle ce grand réconfort, que si vous la supportez patiemment , et laissez votre cause entre les mains de Dieu, il vous en récompensera au ciel, et le châtiment que vous souffrez injustement ici se transformera désormais en votre très grande gloire.

À ce stade, le prédicateur hésita un moment, puis continua : « Je vais maintenant vous donner une description de l'enfer, cet endroit horrible où vous irez sûrement si vous n'êtes pas de bons et fidèles serviteurs.

« L'Enfer est une grande fosse de plus de deux cents pieds de profondeur, murée de pierre et surmontée d'une solide grille de fer. Le feu est constitué de nœuds de pin, de barils de goudron, de fûts de saindoux et de sapins au beurre. Un des diablotins du diable apparaît deux fois par jour et jette environ un demi-boisseau de soufre sur le feu, qui ne peut jamais cesser de brûler. Lorsque les pécheurs meurent, ils sont jetés tête baissée dans la fosse et sont aussitôt soulevés sur les fourches par les diablotins du diable, qui se tiennent debout, les yeux brillants et le visage souriant, prêts à accomplir le travail de leur maître.

Ici, l'orateur a été dérangé par les « Amen », « Dieu soit béni, je ne vais pas entrer en enfer », « Ce sont mes sentiments », qui lui disaient clairement qu'il avait frappé la bonne touche.

« Maintenant, continua le prédicateur, je vais vous dire où est le ciel et comment vous y gagnerez une place. Le ciel est au-dessus des cieux ; ses rues sont pavées d'or ; les séraphins et les anges vous fourniront une musique qui ne cesse jamais. Il vous sera tous permis de vous joindre aux chants et vous serez nourris de manne et de miel, vous boirez aux fontaines et monterez sur des chars d'or.

«Je pars pour Hebben», s'écria l'un d'eux.

"Oui, Dieu béni, Hebben sera mon foyer heureux", a déclaré un autre.

Ces élans d'émotion se succédaient, tandis que l'homme de Dieu se tenait debout, les bras croisés, jouissant de la sensation que son éloquence avait créée.

Après une pause d'un moment ou deux, le révérend continua : « Y a-t-il parmi vous ici qui préfère brûler en enfer plutôt que de reposer au paradis ? N'oubliez pas qu'une fois en enfer, vous ne pourrez jamais en sortir. Si vous tentez de vous échapper, des petits diables sont postés au sommet de la fosse, qui, avec leurs fourches, vous rejetteront dans la fosse, *curchunk* , où vous devrez rester pour toujours. Mais une fois au paradis, vous serez libre pour le reste de vos journées. Ici se manifesta l'enthousiasme le plus fou, au milieu duquel le prédicateur prit place.

Un incident plutôt amusant se produisit alors qui ne provoqua pas peu de gaieté parmi les Noirs et quelque peu déconcertant le Dr Gaines, qui occupait un siège avec les Blancs présents.

En regardant autour de la pièce, ne connaissant pas les nègres et supposant que tous ou presque étaient expérimentalement intéressés par la religion, M. Mason a demandé à Ike de terminer par la prière. L'annonce même du nom d'Ike à ce sujet provoqua un large sourire de la part de la plus grande partie de l'auditoire.

Or, il se trouve que non seulement Ike ne faisait aucune profession de religion, mais qu'il était en réalité le plus éloigné de l'église de tous les serviteurs de « Poplar Farm » ; Pourtant, Ike fut à la hauteur de l'occasion et répondit immédiatement, au grand étonnement de ses camarades esclaves.

Ike avait été, dès son plus jeune âge, un serviteur des Blancs et il avait appris à parler correctement pour une personne sans instruction. Il connaissait assez bien l'Écriture et avait appris la prière principale que son maître avait l'habitude de faire, et il réunissait souvent ses compagnons de service à la grange un jour de pluie et leur donnait la prière, avec des ajouts et des améliorations tels que le l'occasion pourrait le suggérer. Par conséquent, lorsque M. Mason l'a appelé, Ike a immédiatement répondu : « Prions. »

Après avoir pataugé pendant un moment, comme s'il cherchait son chemin, le nouveau débutant se lança dans la prière bien engagée et obtint bientôt un fort « amen » et « bénis Dieu pour cela » de la part de M. Mason, et au grand amusement des noirs. Cependant, dans son désir de faire grande impression, Ike tenta d'incorporer dans sa prière un peu de poésie sur « Cock Robin », qu'il avait apprise, et qui faillit gâcher sa prière inaugurale.

Après la clôture de la réunion, le Docteur a invité le prédicateur à passer la nuit et, en acceptant l'invitation, nous, dans la grande maison, avons eu l'occasion d'en apprendre davantage sur les opinions religieuses du révérend.

Une fois confortablement assis dans le salon, le Docteur dit : « J'ai été très satisfait de votre discours, je pense que la tendance sera bonne pour les domestiques.

« Oui, répondit le ministre, le nègre est un être éminemment religieux, plus encore, je pense, que la race blanche. Il est émotif, aime la musique, est merveilleusement doué de bavardage ; l'organe d'alimentation est largement développé et aime l'approbation. J'essaie donc toujours de satisfaire leur vanité ; appelez-les à parler, à chanter et à prier, et parfois à prêcher. Cela convient à ce monde. Ensuite, je leur offre un paradis avec de la musique et de quoi manger. Le paradis sans chant et sans nourriture ne serait pas un endroit pour le nègre. Dans les villes, où beaucoup d'entre eux sont libres et contrôlent leur temps, ils sont toujours en retard aux réunions religieuses, aux conférences ou à presque toute autre chose. Mais qu'on annonce une fête ou un souper, et ils seront tous là à l'heure.

"Mais saviez-vous", a déclaré le Dr Gaines, "que la prière qu'Ike a faite aujourd'hui lui a été apprise de moi?"

"En effet?" a répondu le ministre.

« Oui, ce garçon a le pouvoir d'imitation de sa race à un degré plus grand que la plupart des nègres que j'ai vus. Il se souvient de presque tout ce qu'il entend, est plein d'esprit et possède un excellent jugement. Cependant, le fait qu'il ait intégré la poésie de Cock Robin dans ma prière était trop, et j'ai dû rire de son habileté.

Le Docteur était très satisfait du ministre, mais pas Mme Gaines. Elle avait un grand mépris pour les hommes professionnels issus de la classe inférieure et elle considérait M. Mason comme un homme à supporter mais pas à encourager. Le révérend Henry Pinchen était sa plus haute idée d'un ecclésiastique. Ce monsieur était alors attendu dans le quartier, et elle faisait spécialement référence à ce fait, à son mari, en parlant du « missionnaire nègre », comme elle avait coutume d'appeler le nouveau venu.

Les préparatifs faits, quelques jours plus tard, pour la réception du conseiller spirituel préféré de Mme Gaines, montraient clairement qu'une fête religieuse était proche et dans laquelle la dame devait jouer un rôle remarquable ; et que son mari soit prêt ou non à participer à cette jouissance, il devrait supporter un bruit et une agitation considérables pendant une semaine.

« Allez, Hannah, dit Mme Gaines, et dites à Dolly de tuer quelques grosses poulettes et de faire lever le biscuit. J'attends frère Pinchen ici cet après-midi et je veux que tout soit en ordre. Hannah, Hannah, dis à Melinda de venir ici. Nous, les maîtresses, avons du mal dans ce monde ; Je ne vois pas pourquoi le Seigneur aurait dû nous imposer des devoirs si lourds, à nous, pauvres mortels. Eh bien, ça ne peut pas toujours durer. J'aspire à quitter ce monde méchant et à rentrer chez moi dans la gloire.

À l'apparition précipitée de la femme de chambre, la maîtresse dit : « Je dois avoir de la compagnie cet après-midi, Melinda. J'attends frère Pinchen ici et je veux que tout soit en ordre. Allez chercher une de mes nouvelles casquettes, avec la bordure en dentelle, et sortez mon jupon dimity à fond évasé, et quand vous sortirez, dites à Hannah de nettoyer les couteaux à manche blanc et de veiller à ce qu'il n'y ait pas une tache dessus ; car je veux que tout se passe comme il se doit pendant que frère Pinchen est ici.

M. Pinchen était possédé par une grande partie de la superstition qui prévaut dans tout le Sud, non seulement chez les nègres ignorants qui l'ont amenée avec lui de son pays natal, mais aussi chez un grand nombre de Blancs instruits et influents.

Le premier après-midi de la visite du révérend gentleman, j'ai écouté avec beaucoup d'intérêt la conversation suivante entre Mme Gaines et son ami ministre.

« Maintenant, frère Pinchen, racontez-moi un peu de votre expérience depuis votre dernière visite. Cela fait toujours du bien à mon âme d'entendre une expérience religieuse. Cela me rapproche de plus en plus du côté du Seigneur. J'aime entendre de bonnes nouvelles du peuple de Dieu.

«Eh bien, sœur Gaines», a déclaré le prédicateur, «j'ai eu de grandes occasions, à mon époque, d'étudier le cœur de l'homme. J'ai assisté à un grand nombre de camps-meetings, de réunions de réveil, de réunions prolongées et de scènes de lit de mort, et je suis convaincue, sœur Gaines, que le cœur de l'homme est plein de péché et désespérément méchant. C'est un monde méchant, sœur Gaines, un monde méchant.

« Avez-vous déjà été en Arkansas, frère Pinchen ? demanda Mme Gaines ; "On m'a dit que les gens là-bas étaient très impies."

M. P. « Oh, oui, sœur Gaines. Une fois, j'ai passé un an à Little Rock et j'ai prêché dans toutes les villes des environs ; et j'ai trouvé des cas difficiles, je peux vous le dire. Un jour, je passais une semaine dans un quartier où il y avait beaucoup de voleurs de chevaux et, une nuit, quelqu'un m'a volé mon poney. Eh bien, je savais que cela ne servait à rien de faire des histoires, alors j'ai dit à frère Tarbox de ne rien dire à ce sujet, et j'obtiendrais mon cheval en prêchant l'Évangile éternel de Dieu ; car j'avais foi en la vérité et je savais que mon Sauveur ne me laisserait pas perdre mon poney. Ainsi, le dimanche suivant, j'ai prêché sur le vol de chevaux et j'ai dit aux frères de venir le soir avec le cœur rempli de la grâce de Dieu. Ainsi, cette nuit-là, la maison était pleine à craquer d'âmes anxieuses, haletantes pour le pain de vie. Frère Bingham a commencé par une prière, et frère Tarbox a suivi, et j'ai tout de suite compris que nous étions prêts à passer un moment béni. Après les avoir bien réchauffés, j'ai sauté sur l'un des sièges, j'ai tendu les mains et j'ai dit : « Je sais qui a volé mon poney ; J'ai découvert ; et vous êtes ici en train d'essayer de faire croire aux gens que vous avez une religion ; mais tu ne l'as pas. Et si vous ne ramenez pas mon cheval au pâturage de frère Tarbox ce soir même, je dirai votre nom dès demain soir lors de la réunion. Reprends mon poney, espèce de vil et misérable pécheur, et viens ici et donne ton cœur à Dieu. Alors le lendemain matin, je suis allé au pâturage de frère Tarbox, et bien sûr, il y avait mon poney à queue courte. Oui, sœur Gaines, il était là, sain et sauf. Hahaha!"

Mme G. « Oh, comme c'est intéressant et quelle chance pour vous d'avoir votre poney ! Et quelle puissance y a-t-il dans l'Évangile ! Les enfants de Dieu ont beaucoup de chance. Oh, c'est si doux de s'asseoir ici et d'écouter de si bonnes nouvelles du peuple de Dieu ? [*De côté.*] « Toi Hannah, qu'est-ce que tu restes là à écouter et à négliger ton travail ? Qu'à cela ne tienne, ma dame, je vous fouetterai bien quand j'aurai fini ici. Allez au travail maintenant, espèce de paresseux ! Ce n'est pas grave, je vais bien te fouetter. Allez, continuez, frère Pinchen, votre conversation pieuse. C'est tellement gentil! Cela me rapproche de plus en plus du côté du Seigneur.

M. P. « Eh bien, sœur Gaines, j'ai fait de grands rêves étranges au cours de ma vie, et c'est ce que j'ai fait. Vous voyez, une nuit, j'ai rêvé que j'étais mort et au paradis, et un endroit pareil que je n'avais jamais vu auparavant. Dès que j'ai franchi les portes de l'empire céleste, j'ai vu de nombreux visages anciens et familiers que j'avais vus auparavant. La première personne que j'ai vue était le bon vieux frère Pike, le prédicateur qui a le premier attiré mon attention sur la religion. La personne suivante que j'ai vue était le diacre Billings, le père de ma première femme, puis j'ai vu une foule de visages pieux. Pourquoi, sœur Gaines, vous connaissiez frère Goosbee, n'est-ce pas ?

Mme G. « Eh bien, oui ; tu l'as vu là-bas ? Il m'a mariée à mon premier mari.

M. P. "Oh, oui, sœur Gaines, j'ai vu le vieil ancien, et il a regardé partout dans le monde comme s'il venait de sortir d'une réunion de réveil."

Mme G. « Avez-vous vu mon premier mari là-bas, frère Pinchen ?

M. P. « Non, sœur Gaines, je n'y ai pas vu frère Pepper ; mais je n'ai aucun doute sur le fait que frère Pepper était là.

Mme G. « Eh bien, je ne sais pas ; J'ai mes doutes. Il n'était pas l'homme le plus heureux du monde. Il s'empruntait toujours des ennuis à propos de quelque chose ou d'une autre. Pourtant, j'ai vu des moments heureux avec M. Pepper. J'étais heureuse quand j'ai fait sa connaissance, heureuse pendant nos fréquentations, heureuse quelque temps après notre mariage et heureuse quand il est mort. [*Pleure.*]

Hannah. "Massa Pinchen, as-tu vu mon vieux Ben à Hebben ?"

M. P. "Non, Hannah, je ne suis pas allé parmi les nègres."

Mme G. « Non, bien sûr, frère Pinchen n'est pas allé parmi les noirs. Pourquoi posez-vous des questions ? [*De côté.*] 'Qu'à cela ne tienne, ma dame, je vous fouetterai bien quand j'en aurai fini ici. Je vais t'écorcher de la tête aux pieds. Poursuivez votre conversation céleste, frère Pinchen ; cela fait du bien à mon âme. C'est en effet un moment précieux pour moi. J'aime entendre parler de Christ et de Lui crucifié.

M. P. "Eh bien, sœur Gaines, j'ai promis à sœur Daniels que je viendrais la voir quelques instants ce soir et que je passerais un petit moment de prière avec elle, et je suppose que je dois y aller."

Mme G. « Si vous devez partir, je devrai vous laisser partir ; mais avant que vous le fassiez, je souhaite avoir votre avis sur une petite question qui concerne Hannah. La semaine dernière, Hannah a volé une oie, l'a tuée, l'a cuisinée, et elle et son homme Sam ont passé un bon moment à manger l'oie ; et son maître et moi n'en aurions jamais rien su si Caton, un fidèle serviteur, n'avait pas tout raconté à son maître. Et puis, voyez-vous, Hannah a dû être sévèrement fouettée avant d'avouer qu'elle avait volé l'oie. Le prochain sabbat est le jour de la Sainte-Cène, et je veux savoir si vous pensez qu'Anne est apte à aller à la Cène du Seigneur, après avoir volé l'oie.

«Eh bien, sœur Gaines», répondit le pasteur, «cela dépend des circonstances. Si Hannah a avoué qu'elle a volé l'oie, et a été suffisamment fouettée, et a demandé pardon à son maître, et a demandé votre pardon, et pense qu'elle ne fera plus la même chose, pourquoi alors je suppose qu'elle peut aller au Repas du Seigneur ; pour-

"Pendant que la lampe tient à brûler,
le pécheur le plus ignoble peut revenir."

Mais elle doit être sûre qu'elle s'est repentie et qu'elle ne volera plus.

"Tu entends ça, Hannah?" dit la maîtresse. « Pour ma part, continua-t-elle, je ne la crois pas digne d'aller à la Cène du Seigneur ; car elle n'avait aucune raison de voler l'oie. Nous donnons à nos serviteurs de la bonne nourriture en abondance. Ils ont une course complète jusqu'à la cuve à repas, de la viande une fois tous les quinze jours et tout le lait aigre qu'il y a sur place, et je suis sûr que cela suffit à tout le monde. Je pense que nos nègres sont les créatures les plus ingrates du monde. Ils aggravent ma vie.

Pendant cette conversation de la maîtresse, la servante écoutait avec une attention particulière, et à la fin Hannah dit :

« Je sais, mademoiselle, que j'ai volé l'oie, et je m'ai fouetté pour ça, et je l'avoue, et j'en suis désolé. Mais, mademoiselle, je suis prêt à la Cène du Seigneur, dimanche prochain, car je ne suis pas prêt à tourner le dos à mon bon Seigneur et à Massa pour aucune vieille oie coriace, mais je ne le suis pas. Et ici, la servante pleurait comme si elle allait lui briser le cœur.

M. Pinchen, qui parut ému par les paroles d'Hannah, jeta un regard compatissant à la négresse et dit : « Eh bien, sœur Gaines, je suppose que je dois aller voir sœur Daniels ; elle m'attendra.

Après avoir vu le divin sortir, Mme Gaines a dit : « Maintenant, Hannah, frère Pinchen est parti, récupérez la peau de vache et suivez-moi jusqu'à la cave, et je vous fouetterai bien pour m'avoir agacé comme vous l'avez fait aujourd'hui. Il me semble que je ne pourrai jamais m'asseoir pour prendre un peu de réconfort auprès du Seigneur, sans que tu me croises. Le diable vous met toujours en tête de me déranger, au moment même où j'essaie de servir le Seigneur. Je n'ai aucun doute que le paradis me manquera à cause de toi. Mais je te fouetterai bien avant de quitter ce monde, et je le ferai. Prends la peau de vache et suis-moi à la cave.

Quelques minutes plus tard, la dame revint au salon, suivie par la servante qu'elle corrigeait. Elle était en sueur et, en s'asseyant, dit : « Prends l'éventail, Hannah, et attise-moi. ; tu devrais avoir honte de me mettre dans une telle passion et de me faire échauffer ainsi en te fouettant. Tu sais que c'est beaucoup plus difficile pour moi que pour toi. Il faut que je m'exerce, et cela me met tout en fièvre ; alors que vous n'avez qu'à vous lever et à le prendre.

Le sabbat suivant, c'était la communion, M. Pinchen officiait. L'église étant aux Corners, à environ un mile de « Poplar Farm », le vin de communion, qui était conservé chez le docteur, était envoyé par le garçon Billy. C'était au mois d'avril, alors que les érables étaient entaillés et que la sève coulait librement.

Billy, en passant par le « camp de sucre », ou buisson de sève, s'arrêta pour prendre un verre de la sève, qui semblait invitante dans les auges nouvellement aménagées. Tout à coup, le garçon pensa qu'il pouvait boire du vin et le remplir de sève. Alors, agissant sur cette pensée, le jeune porta la carafe à sa bouche et but librement, abaissant considérablement la boisson dans la bouteille.

Mais remplir la bouteille avec la sève était bien plus facile à envisager qu'à réaliser. Car, à chaque tentative, l'eau tombait par-dessus les parois, sans que personne n'y entre. Cependant, le garçon, avec l'imagination fertile de sa race, conçut bientôt l'idée de sucer sa bouche pleine de sève, puis de la jeter dans le bassin. bouteille. Ce plan réussit admirablement, et le jeune esclave était assis dans la tribune de l'église ce jour-là et se demandait si les communiants auraient mangé si librement du vin, s'ils avaient su que sa bouche avait été l'entonnoir par lequel une partie était passée. .

L'esclavage a eu pour effet d'éclaircir dans une certaine mesure les facultés mentales des nègres, en particulier de ceux qui sont en contact étroit avec les blancs.

C'est aussi un fait que ces Noirs estimaient que lorsqu'ils pouvaient obtenir l'avantage de leurs propriétaires, ils en avaient parfaitement le droit ; et le garçon, Billy, avait sans doute conscience qu'il avait fait une chose très rusée en buvant ainsi le vin confié à ses soins.

CHAPITRE III.

DU DR GAINES étant limitée aux planteurs et à leurs nègres, dans le quartier de « Poplar Farm », ses revenus provenant de cette source étaient très limités et, par conséquent, il se tournait davantage vers les produits de sa plantation pour se soutenir. Il est vrai que le nouveau magasin des Corners, ainsi que la tannerie McWilliams et la distillerie Simpson, promettaient une augmentation de la population et, par conséquent, davantage de travail pour le médecin. Cela a été démontré très clairement par l'arrivée du Docteur un matin, quelque peu exalté, et s'est exclamé : « Eh bien, ma chère, ma pratique augmente régulièrement. J'ai oublié de vous dire que le voisin Wyman m'a engagé hier comme médecin de famille ; et j'espère que la fièvre et la fièvre, qui s'emparent maintenant du peuple, me donneront plus de malades. Je vois dans les journaux de la Nouvelle-Orléans que la fièvre jaune y sévit dans des proportions effrayantes. Les hommes de ma profession récoltent une récolte dans cette section cette année. J'aimerais que nous puissions avoir ici un peu de fièvre jaune, car je pense que je pourrais inventer un médicament qui la guérirait. Mais la fièvre jaune est un luxe dont nous, médecins, ne pouvons pas espérer jouir dans ce climat ; pourtant nous pouvons espérer le choléra.

«Oui», répondit Mme Gaines, «je serais heureuse de le voir plus maladif, afin que votre entreprise puisse prospérer. Mais nous sommes toujours malheureux. Tout le monde ici semble être en bonne santé et je crains qu'il ne le reste. Il faut cependant espérer le meilleur. Nous devons faire confiance au Seigneur. La Providence pourrait éventuellement envoyer une maladie parmi nous pour notre bénéfice.

En se rendant au bureau, le docteur trouva le fidèle serviteur au travail et, le saluant avec sa gentillesse et son indulgence habituelles, il lui demanda : « Eh bien, Caton, as-tu préparé le lot de pommade que j'ai commandé ?

Caton. « Oui, Massa ; J'ai fait la délation, et maintenant je prépare les pilules de pain. Les pilules De Tater sont sur l'étagère du haut.

Dr G. « Je sors voir des patients. Si des messieurs appellent, dites-leur que je serai là cet après-midi. Si des serviteurs viennent, vous vous occupez d'eux. J'attends deux des garçons de M. Campbell. Vous veillez à eux. Prenez leur pouls, regardez leur langue, saignez-les et donnez-leur chacun une dose de calomel. Dites-leur de ne pas boire d'eau froide et de ne prendre que de la bouillie d'eau.

Caton. « Oui, Massa ; Je vais m'en occuper.

Le nègre dit alors : « Je savais que j'étais médecin, et maintenant le vieux patron m'a mis là-dessus ; Je dois changer de manteau. Si des nègres entrent, je veux avoir l'air suspect. Cette veste ne convient pas à un médecin ; Je vais le changer.

La vanité de Caton semblait alors à son comble, et après avoir changé d'habit, il se promenait de long en large devant le miroir, se regardait à sa guise et se disait : « Ah ! maintenant, je ressemble à un médecin. Maintenant, je peux saigner, m'arracher du thé ou me couper une jambe. Eh bien, bien ! Si je n'ai pas mis les pilules et les médicaments ensemble. Bon sang, ce vieux con sera fou quand il le découvrira, n'est-ce pas ? Ne vous inquiétez pas, je le préparerai en pilules, et quand la farine sera dessus, il ne saura pas ce qu'il y a dedans ; et je vais faire un nouvel acte. Ah ! là-bas viennent Pete et Ned de M. Campbell ; Ceux qui étaient massés arrivaient. Je vais voir si j'ai l'air bien. [*Il va au miroir et se regarde.*] Je suis des punkins, n'est-ce pas ? [*Frapper à la porte.*] Entrez." *Entrer* PIERRE *et* NED .

Pierre. « Où est le Docteur ?

Caton. « Me voici ; tu ne me vois pas ?

Pierre. « Mais où est le vieux patron ? »

Caton. « Ça ne vous regarde pas. Je ne vous ai pas dit que j'étais le docteur, et c'est suffisant.

Ned. « Oh, dites-nous où est le Docteur. Je suis presque mort. Oh moi! oh, mon Dieu ! Je suis tellement malade. [*Des visages horribles.*]

Pierre. « Oui, dites-le-nous ; nous ne voulons pas rester ici à faire des bêtises.

Caton. « Je vous le répète, je suis le médecin. J'apprends le commerce sous massa.

Ned. "Oh! bien tanière; donne-moi quelque chose pour arrêter cette douleur. Oh, mon cher moi ! Je mourrai.

Caton. « Laisse-moi sentir ton pouls. Maintenant, tire la langue. Vous êtes malade des baies. Si tu ne m'appartiens pas, tu mourras. Sortez dans le hangar et je vous saignerai. [*Les sortir et les saigner.*] « Dar, maintenant, prends ces pilules, deux le matin et deux le soir, et si tu ne te sens pas mieux, double la dose. Maintenant, M. Pete, qu'avez-vous ?

Pierre. "J'ai des frissons et de la fièvre la nuit."

"Sortez dans le hangar, et je vais vous saigner", dit Cato, en se regardant dans le miroir, alors qu'il s'évanouissait. Après avoir pris un litre de sang, ce qui a provoqué un évanouissement du patient, ils sont revenus, le médecin noir disant : « Maintenant, prenez ces pilules, deux le matin et deux le soir, et si elles ne vous aident pas, double dose. Ah ! J'aime oublier de sentir ton pouls et de regarder ta langue. Tire la langue. [*Il sent son pouls.*] Oui, je te dis en palpant ton pouls que je vais te donner les bonnes pilules ?

À ce moment-là, Bill, le garçon nègre de M. Parker, la main à la bouche et visiblement très souffrant, entra dans le bureau sans frapper à la porte d'habitude, ce qui offensa grandement le nouveau médecin.

"Pourquoi es-tu venu à cette porte sans frapper ?" s'écria Caton.

Facture. « J'avais tellement mal aux pieds que je n'ai pas pensé à frapper. Oh, mon toup ! mon toof! Où est le docteur ?

Caton. « Me voici ; tu ne me vois pas ?

Facture. "Quoi! vous le Docteur, espèce de braqueur ! Vous ressemblez à un docteur ! Oh, mon toup ! mon toof! Où est le docteur ?

Caton. «Je vous dis que je suis le docteur. Si vous ne me croyez pas, hachez ces hommes. Je peux t'arracher le bout en une minute.

Facture. "Eh bien, alors, sors-le. Oh, mon toup ! comme ça fait mal ! Oh, mon toof ! [*Cato récupère les clés en main rouillées.*]

Caton. "Maintenant, allonge-toi sur le dos."

Facture. "Pourquoi?"

Caton. "C'est comme ça que Massa fait."

Facture. « Oh, mon toof ! Eh bien, allez, allez. [*S'allonge. Caton se met à califourchon sur la poitrine de Bill, met les clés en main sur la mauvaise dent et tire... Bill donne un coup de pied et crie ...* Oh, arrête ! Oh oh oh! [*Cato arrache la mauvaise dent—Bill sursaute.*]

Caton. "Dar, maintenant, je t'ai dit que je pourrais te tirer les dents pour toi."

Facture. Oh, mon cher moi ! Oh, ça fait encore mal ! Oh moi! Oh, Lor-e-Massy ! Vous ne vous trompez pas de trop. Sale ta peau ! ef je ne te paie pas pour ça, espèce de brack ! [*Ils se battent et renversent la table, les chaises et le banc. Pete et Ned regardent.*]

Au cours de la *mêlée* , le Dr Gaines est entré dans le bureau et s'est attaqué sans ménagement à eux avec sa canne, leur donnant à tous deux une bonne raclée avant qu'une explication puisse être proposée. Dès qu'il en a eu l'occasion, Cato a dit : « Oh, massa ! il est à blâmer, monsieur, il est à blâmer. Il m'a fait des histoires.

Facture. "Non monsieur; il est à blâmer ; il s'est trompé de pied. Oh, mon toup ! oh, mon toof !

DENTISTERIE NÉGRO.

Dr G. « Laissez-moi voir votre dent. Ouvrez la bouche. Comme je vis, tu t'es arraché la mauvaise dent. Je suis ébahi. Je vais te fouetter pour ça ; Je vais bien te fouetter. Vous êtes un joli docteur. Maintenant, allonge-toi, Bill, et laisse-le arracher la dent droite ; et s'il fait une erreur cette fois, je le ferai bien cuir de vache. Allonge-toi, Bill. [*Bill se couche et Cato arrache la dent.*] « Voilà, pourquoi n'as-tu pas fait ça en premier lieu ?

Caton. "Il ne voudrait toujours pas percer, monsieur."

Facture. "J'ai encore fait un trou."

Dr G. « Maintenant, rentrez chez vous, les garçons ; rentrer chez soi."

« Vous en avez fait tout un plat, en mon absence, » dit le Docteur. "Regarde la table! Qu'à cela ne tienne, Caton ; Je vous fouetterai bien pour votre conduite d'aujourd'hui. Allez travailler maintenant et rangez le bureau.

Alors que la porte du bureau se refermait derrière le maître, le nègre irrité, de nouveau livré à lui-même, s'écria : « Foutu ce nègre ! J'aurais aimé qu'il soit dans Ginny. Il m'a mordu le doigt et m'a griffé le visage. Mais est-ce que je ne le lui ai pas donné ? Eh bien, je pense que oui. [*Il va au miroir et découvre que son manteau est déchiré - pleure.*] Oh, mon Dieu ! Oh, mon manteau, mon manteau est déchiré ! Ce nègre a déchiré mon manteau. [*Il se met en colère et se précipite dans la pièce, frénétique.*] Putain, ce nègre ! Si je pouvais mettre la main sur lui, je le mettrais en pièces, ce que je ferais. Un vieux patron m'a frappé avec sa canne après que ce nègre ait déchiré mon manteau. Bon sang, je veux combattre quelqu'un. Si Ole Massa arrivait maintenant, je le combattrais. [*Retrousse ses manches.*] Laissez-les venir maintenant, s'ils l'osent - ole massa, ou n'importe qui d'autre ; Je suis prêt pour eux.

À ce moment-là, le Docteur revint et demanda : « C'est quoi tout ce bruit ici ? »

Caton. « Nuffin', monsieur ; Seulement, je suis en train de remettre les choses en ordre, comme tu me l'as dit. Je n'ai entendu aucun bruit, à part les rats.

Dr G. « Dépêchez-vous et entrez ; Je veux que tu ailles en ville.

Une fois de plus laissé seul, le noir plein d'esprit dit : « Bon sang, le vieux patron a aimé m'engueuler à ce moment-là, n'est-ce pas ? Mais n'étais-je pas en colère ? Quand je suis en colère, personne ne peut me faire du mal. Mais voici mon manteau déchiré. Putain, ce nègre ! [*Pleure.*] Oh, mon manteau ! oh, mon manteau ! J'ai pensé qu'il m'avait cassé la tête, pour ensuite déchirer mon manteau. Sale nègre ! S'il revient un jour ici, je lui sortirai tous les trucs qu'il a en tête – et c'est ce que je ferai.

CHAPITRE IV.

AUX jours fastes du Sud, il y a quarante ans, s'il y avait une classe plus profondément méprisée qu'une autre par les Sudistes bien nés et instruits, c'était bien les marchands d'esclaves qui gagnaient leur argent en vendant du bétail humain. Un grand nombre de marchands d'esclaves étaient des hommes du Nord ou des États libres, généralement issus de l'ordre inférieur, qui, gagnant un peu d'argent grâce à leur dur labeur, l'investissaient dans des esclaves achetés en Virginie, au Maryland ou au Kentucky, et revendus. dans les États producteurs de coton, de sucre ou de riz. Et pourtant, le planteur de haute race, à cause d'une mauvaise gestion ou d'autres causes, était obligé de vendre ses esclaves, ou certains d'entre eux, aux enchères, ou de les laisser à « l'acheteur d'âmes ».

Les affaires financières du Dr Gaines étant dans un état défavorable, il céda aux offres d'un célèbre commerçant de Saint-Louis du nom de Walker. Cet homme était la terreur de tout le Sud-Ouest parmi la population noire, esclave et libre, car il n'était pas rare que même des personnes de couleur libres soient kidnappées et emmenées vers l'extrême Sud et vendues. Walker n'avait aucun scrupule de conscience, car l'argent était son Dieu et il n'adorait aucun autre autel.

Homme grossier, mal élevé, au cœur dur, sans éducation, Walker avait débuté à Saint-Louis comme chauffeur de camion et avait fini comme riche marchand d'esclaves. Le jour était fixé pour que cet homme vienne acheter son stock, à cette occasion, Mme Gaines s'est absentée des lieux ; et même le Docteur, quoique seul, ressentit profondément l'humiliation. Pour ma part, je m'assis et me mordis les lèvres de colère, comme le vulgaire commerçant disait à l'homme fidèle :

"Eh bien, mon garçon, quel est ton nom?"

Sam. "Sam, monsieur, c'est mon nom."

Marcher. "Quel âge as-tu, Sam?"

Sam. « Si je vis jusqu'à la prochaine plantation de maïs, j'aurai vingt-sept ans, ou trente ou trente-cinq ans, je ne sais pas lesquels, monsieur.

Marcher. "Hahaha! Eh bien, docteur, c'est plutôt un garçon vert. Eh bien, merde, est-ce que tu es en bonne santé ?

Sam. "Oui, monsieur, je suppose que oui."

Marcher. «Ouvre la bouche et laisse-moi voir tes dents. Je juge l'âge d'un nègre à ses dents, comme je dose un hoss. Ah ! assez bon ensemble de broyeurs. As-tu bon appétit ?

Sam. "Oui Monsieur."

Marcher. "Pouvez-vous manger votre allocation?"

Sam. "Oui, monsieur, quand je pourrai l'obtenir."

Marcher. « Sortez par terre et dansez ; Je veux voir si tu es souple.

Sam. « Je n'aime pas danser ; J'ai une religion.»

Marcher. « Oh, ho ! tu as une religion, n'est-ce pas ? C'est tant mieux. J'aime traiter de l'Évangile. Je pense qu'il me conviendra. Maintenant, merle, quel est ton nom ?

Sortie. "Je suis Big Sally, monsieur."

Marcher. "Quel âge as-tu, Sally?"

Sortie. « Je ne sais pas, monsieur ; mais j'ai entendu dire une fois que j'étais né à l'heure de la fouille.

Marcher. "Hahaha! Tu ne sais pas quel âge tu as ? Savez-vous qui vous a créé ?

Sortie. "J'ai entendu dire qui était dans la Bible celui qui m'avait créé, mais je n'oublie pas le nom du gentleman."

Marcher. "Hahaha! Eh bien, docteur, c'est le groupe de nègres le plus vert que j'ai vu depuis un certain temps.

La dernière remarque frappa profondément le Docteur, car il venait de prendre Sally pour dette et, par conséquent, il n'était pas responsable de son ignorance. Et il le lui a dit franchement.

« C'est une affaire désagréable pour moi, M. Walker, » dit le Docteur, « mais vous pouvez avoir Sam pour 1 000 $ et Sally pour 900 $. Ils valent tout ce que je leur demande. Je ne plaisante jamais, M. Walker. Ils sont là; vous pouvez les prendre à ce prix-là, ou les laisser tranquilles, à votre guise.

Marcher. « Eh bien, docteur, je pense que je vais les prendre ; mais c'est tout ce qu'ils valent. Je leur mettrai les menottes et ensuite je vous paierai. J'aime suivre Scripter. Le scripteur dit que si manger de la viande offensera votre frère, vous devez arrêter ; et je dis que si laisser vos esclaves sans menottes les fera s'enfuir, vous devez leur mettre les menottes. Maintenant, Sam, ne pleurez pas, toi et Sally. J'ai un cœur tendre, et ça me fait du mal de voir des gens pleurer. Ne pleurez pas, et le premier endroit où j'arriverai, j'achèterai à chacun de vous un très gros *gâteau au gingembre* , ce que je ferai.

Et avec cette dernière remarque, le commerçant sortit d'un petit sac deux paires de menottes, les enfila et dit en riant : "Maintenant, tu es plus belle avec les ornements."

À ce moment-là, le Docteur remarqua : « Voilà M. Pinchen. » Walker, regardant dehors et voyant l'homme de Dieu, dit : « C'est M. Pinchen, tel que je vis ; je plaisante, c'est justement l' homme que je veux voir. Et alors que le révérend monsieur entrait, le commerçant lui saisit la main en disant : « Pourquoi, comment allez-vous, M. Pinchen ? Au nom de Jéhu, qu'est-ce qui vous amène ici à Muddy Creek ? Des réunions de camp, des réunions de réveil, des scènes de lit de mort ou quoi que ce soit d'autre dans votre lignée se déroulent ici ? Comment la religion prospère-t-elle maintenant, M. Pinchen ? J'aime toujours entendre parler de religion.

M. Pin. « Eh bien, M. Walker, l'œuvre du Seigneur est désormais en bon état partout. Je vous le dis, M. Walker, je suis dans le ministère de l'Évangile depuis treize ans et je suis convaincu que le cœur de l'homme est plein de péché et désespérément méchant. Nous vivons dans un monde méchant, M. Walker, un monde méchant, et nous devrions tous avoir une religion. La religion est une bonne chose à vivre, et nous la voulons tous à notre mort. Oui, monsieur, quand la grande trompette sonnera, nous devrions être prêts. Et un homme qui s'occupe de votre commerce d'achat et de vente d'esclaves a besoin de religion plus que quiconque, car elle vous oblige à traiter votre peuple comme il se doit. Maintenant, voici M. Haskins, c'est un marchand d'esclaves, comme vous. Eh bien, je l'ai converti. Avant d'acquérir la religion, il était l'un des pires hommes envers ses nègres que j'aie jamais vu ; son cœur était dur comme la pierre. Mais la religion a rendu son cœur doux comme un morceau de coton. Avant que je le convertisse, il vendait les maris de leurs femmes et semblait y prendre plaisir ; mais maintenant il ne vendra pas l'homme de sa femme, s'il parvient à convaincre quelqu'un de les acheter tous les deux ensemble. Je vous le dis, monsieur, la religion a fait pour lui une œuvre merveilleuse.

Marcher. « Je sais, M. Pinchen, que je devrais avoir une religion, et je sens que je suis un grand pécheur ; et chaque fois que je rencontre de bonnes personnes pieuses comme vous et le Docteur, j'ai toujours l'impression que je suis un pécheur désespéré. Je le ressens d'autant plus que j'ai un esprit religieux. Je sais que je serais plus heureux avec la religion, et dès le premier temps libre que j'aurai, je vais essayer de l'acquérir. J'irai à une réunion prolongée et je ne m'arrêterai pas tant que je n'aurai pas acquis la religion.»

Le départ du commerçant avec sa propriété a laissé une tristesse même parmi les membres blancs de la famille, et une sympathie particulière a été ressentie pour Hannah pour la perte de son mari suite à la vente. Cependant, Mme Gaines le prit avec sang-froid, car comme Sam était un ouvrier des champs, elle avait souvent dit qu'elle voulait qu'elle ait l'un des domestiques, et comme Cato était sans femme, cela semblait favoriser ses projets. C'est pourquoi, une semaine plus tard, alors qu'Hannah entrait dans le salon un soir, elle lui dit : « Tu n'as pas besoin de me dire, Hannah, que tu ne veux pas d'un autre mari, je sais mieux. Votre maître a vendu Sam, il a descendu la rivière et vous ne le reverrez plus jamais. Alors va enfiler ta robe en calicot et retrouve-moi dans la cuisine. J'ai l'intention que tu *sautes sur le balai* avec Cato. Tu n'as pas besoin de me dire que tu ne veux pas d'un autre homme. Je sais qu'aucune femme ne peut être heureuse et satisfaite sans mari.

Hannah a dit : « Oh, mademoiselle, je ne veux pas sauter sur le balai avec Cato. Je n'aime pas Caton ; Je ne peux pas l'aimer.

Mme G. « Tais-toi, à ce moment ! Que sais-tu de l'amour ? Je n'aimais pas votre maître quand je l'ai épousé, et on ne se marie plus par amour maintenant. Alors va mettre ta robe en calicot et retrouve-moi dans la cuisine.

Alors que la servante partait pour la cuisine, la maîtresse remarqua : « Je suis heureuse que le Docteur ait vendu Sam, car maintenant je vais la faire épouser Caton, et je les aurai tous les deux dans la maison sous mes yeux. »

Alors qu'Hannah entrait dans la cuisine, elle dit : « Oh, Cato, va dire à ma femme que tu ne veux pas sauter sur le balai avec moi, c'est un homme bien. Fais-le, Caton ; Mais je ne peux pas t'aimer. Ce n'est que la semaine dernière que Massa a vendu mon Sammy, et je ne veux pas d'homme à mamelle. Allez dire à mademoiselle que vous ne voulez pas de moi. Ce à quoi Cato a répondu : « Non, Hannah, je ne suis pas d'accord pour dire à Missis rien de tel, car je te veux, et je ne suis pas d'accord pour mentir pour toi ni pour personne d'autre. Dar, maintenant tu l'as ! Je ne vois pas pourquoi tu fais autant d'histoires. Je suis mieux à la recherche de Sam ; et je suis un domestique, et

Sam n'était qu'un ouvrier agricole ; vous devriez donc être fier d'un changement. Alors va et fais ce que Missis te dit.

Tandis que la femme se retirait, l'homme poursuivit : « Hannah n'a pas besoin d'essayer de me faire mentir ; Je ne suis pas d'accord pour le faire, parce que je la veux, et je la veux depuis longtemps, et dès que Massa a vendu Sam, j'ai su que je l'aurais. Bon sang, j'ai hâte d'être un homme marié. Ne serai-je pas heureux ? Maintenant, si seulement je pouvais fuir Ole Massa et aller au Canada avec Hannah, je leur montrerais qui j'étais. Ah ! ça me rappelle ma chanson sur Ole Massa et Canada , et je vais la chanter. Dis est mon hyme original. Cela m'est venu à l'esprit une nuit alors que j'étais profondément endormi sous un pommier, regardant la lune.

Pendant qu'Hannah se préparait pour les noces, Caton s'amusait à chanter :

Le jour le plus heureux que j'ai jamais vu,
je suis en route vers ma demeure céleste,
Quand Missis me donnera Hannah,
À travers le ciel, le Chili errera.

REFRAIN. — Va-t'en, Sam, tu ne peux pas t'approcher de moi,
Gwine pour rencontrer mes amis à Hebben,
Hannah est avec moi ;
Missis ses Hannah est à moi,
donc Hannah est avec moi.

CHŒUR , *répété* .

Père Gabriel, klaxonne,
je prendrai des ailes et m'envolerai,
emmènerai Hannah tôt le matin,
et je serai à Hebben à l'aube.

REFRAIN. — Va-t'en, Sam, tu ne peux pas t'approcher de moi,
Gwine pour rencontrer mes amis à Hebben,
Hannah est avec moi ;
Missis ses Hannah est à moi,
donc Hannah est avec moi.

Mme Gaines, alors qu'elle s'approchait de la cuisine, entendit la voix musicale du domestique et sut qu'il était très joyeux ; En entrant, elle dit : « Ah ! Cato, tu es prêt, n'est-ce pas ? Où est Hannah ?

Caton. « Oui, mademoiselle ; J'attends ça depuis longtemps. Hannah est là et essaie de me convaincre de te dire que je ne veux pas d'elle ; mais je lui ai dit que tu voulais que je saute sur le balai avec elle, et je suis prêt à m'occuper de toi.

Mme G. « C'est vrai, Cato ; les serviteurs doivent toujours s'occuper de leurs maîtres et maîtresses, sans poser de questions.

Caton. "Oui, mademoiselle, je vais doser ce que vous et Massa me dites, et je ne hache personne."

Pendant que la maîtresse partait à la recherche d'Hannah, Dolly entra et dit : « Oh, Cato, va dire à ma femme que tu ne veux pas d'Hannah. Tu n'entends pas comment elle la fouette dans la cave ? Allez dire à madame que vous ne voulez pas d'Hannah, et elle arrêtera de la fouetter.

Caton. « Non, Dolly, je ne suis pas du genre à ne rien faire de pareil, si je dis à ma femme que je ne veux pas d'Hannah, ma femme me fouettera ; et je ne suis pas d'accord pour être fouetté pour toi, ni pour Hannah, ni pour personne d'autre. Non, je sauterai sur le balai avec toutes les femmes présentes, si ma femme le veut, avant d'être fouetté.

Chariot. « Cato, si j'étais à la place d'Hannah, je te verrais dans le gouffre sans fond avant de vivre avec toi, espèce de grand, grand imbécile aux yeux de mur, à la tête vide et aux genoux. Vous êtes aussi méchante que votre diabolique vieille femme.

Caton. "Si tu n'arrêtes pas de m'occuper, Dolly, je le dirai à ma femme dès qu'elle entrera, et elle te fouettera, tu sais qu'elle le fera."

En entrant, Mme Gaines dit : « Vous devriez avoir honte de vous, Hannah, pour m'obliger à me fatiguer de cette façon, pour vous obliger à faire votre devoir. C'est très méchant de ta part, Hannah. Maintenant, Dolly, Susan et toi récupérez le balai et sortez au milieu de la pièce. Là, tenez-le un peu plus bas, un peu plus haut ; là, ça fera l'affaire. Maintenant, rappelez-vous qu'il s'agit d'une occasion solennelle ; vous allez vous lancer dans le mariage. Maintenant, Cato, prends la main d'Hannah. Voilà, pourquoi n'as-tu pas pu laisser Caton te tenir la main plus tôt? Maintenant, prépare-toi, et quand j'en compte trois, tu sautes. Les yeux sur le *balai* ! Tout est prêt. Un, deux, trois et c'est fini. Voilà, maintenant vous êtes mari et femme, et si vous ne vivez pas heureux ensemble, c'est de votre faute ; car je suis sûr que rien ne l'empêche. Maintenant, Hannah, viens à la maison, je te donnerai du whisky, et tu pourras préparer du grog aux pommes, et toi et Cato pourrez passer un bon moment. Maintenant, je vais retourner au salon.

Chariot. "Je te dis, Susan, quand je me marierai, je serai content d'avoir un pasteur pour m'épouser. Je ne suis pas prêt à sauter sur le balai. Cela fera l'affaire pour les ouvriers sur le terrain, mais les domestiques devraient être « au-dessus de cela ».

Suzanne. « Eh bien, le Chili, vous ne pouvez rien observer d'autre de la part de Old Missis. Elle vient de Carlina, parmi les pauvres déchets blancs. Elle ne sait pas mieux. Vous ne pouvez rien voir de plus qu'un saut d'une grenouille. Missis dit qu'elle est une ob de akastocacy ; mais elle n'est pas plus une akastocacy que moi. Missis dit qu'elle est née avec une cuillère en argent dans son mouf ; Si elle l'était, j'aurais aimé que cela l'étouffe, c'est ce que je souhaite.

La manière de sauter avec le balai était la coutume générale dans les districts ruraux du Sud, il y a quarante ans ; et comme il n'y avait aucune loi concernant le mariage des esclaves, cette coutume avait autant de force contraignante pour les nègres que s'ils avaient été rejoints par un ecclésiastique ; la différence étant que l'un n'était pas aussi aigu que l'autre. Pourtant, il faut admettre que les Noirs ont toujours préféré être mariés par un ecclésiastique.

CHAPITRE V.

LE DR GAINES et sa femme ayant passé la chaude saison dans le Nord, voyageant pour le plaisir et cherchant des informations sur le mode d'agriculture pratiqué dans les États libres, rentrèrent chez eux remplis de nouvelles idées qu'ils étaient impatients de mettre immédiatement en œuvre et, par conséquent, , un changement radical s'amorça aussitôt.

Deux des changements les plus intéressants proposés étaient l'introduction d'une charrue, qui devait remplacer la charrue lourde et encombrante alors utilisée, et d'une machine à laver, au lieu du dur frottement des mains alors pratiqué. Le premier a suscité de nombreuses critiques parmi les hommes sur le terrain, où il a été baptisé « Yankee Dodger », et pendant la première demi-journée de son utilisation, il a été suivi par un grand nombre de nègres, hommes et femmes s'interrogeant sur ce qui se passait. sa supériorité sur la vieille charrue, et vouloir savoir d'où elle venait.

Mais l'excitation dans la cuisine, parmi les femmes, à propos de la machine à laver, jetait entièrement dans l'ombre la nouveauté de la charrue.

"Et donc cette baignoire avec ses roues et ses réparations, c'est pour faire la lessive, pendant que nous devons nous asseoir et la regarder", a déclaré Dolly, alors que dix ou une douzaine de domestiques se tenaient autour du nouveau venu, riant et faisant des bruits. amusant à son apparence disgracieuse.

"Je ne vois pas pourquoi Massa n'a pas acheté une femme, là où le linge était fabriqué, et ne l'a pas emmenée avec elle, pour qu'elle puisse nous apprendre à nous laver avec", remarqua Hannah, alors que sa maîtresse entrait dans la pièce. la cuisine pour donner des ordres sur le mode d'utilisation de la « laveuse ».

« Maintenant, Dolly, dit la maîtresse, nous aurons désormais de nouvelles règles concernant le travail. Pendant que j'étais dans le Nord, j'ai constaté que les femmes se levaient à quatre heures le lundi matin et commençaient le lavage, qui était entièrement terminé et sur les lignes à neuf heures. Maintenant, rappelez-vous que désormais, il n'y aura plus de lessive le vendredi et de repassage le samedi, comme vous le faisiez autrefois. Et au lieu de six d'entre vous, grandes et grandes femmes, pour faire la lessive, deux d'entre vous avec la « laveuse » peuvent faire le travail. Et elle partit, laissant les nègres à la contemplation de l'avenir.

« J'aurais aimé que Missis reste à la maison, au lieu de faire le tour du monde et de rapporter de nouvelles règles à la maison. À qui elle pense que c'est génial de se lever du lit à quatre heures du matin, si elle ramène à la maison cette boîte à linge », dit Dolly en jetant un regard complice aux autres domestiques.

« Le Seigneur sait que le Chili n'est pas prêt à sortir de son doux lit à quatre heures du matin, pour personne ; tu entends ça, n'est-ce pas ? remarqua Winnie en riant bruyamment et en dansant hors de la pièce.

Avant la fin de la semaine, Peter avait heurté une souche avec sa nouvelle charrue et l'avait cassée au-delà de toute possibilité de réparation.

Lorsque la dame se leva le lundi matin, à neuf heures et demie, son heure habituelle, au lieu de trouver le linge en train de couler sur les lignes, elle vit, à sa grande déception, les œuvres intérieures de la « laveuse » démontées, et Dolly, la blanchisseuse en chef, lavait de toutes ses forces, à l'ancienne, en se frottant avec les mains, la sueur coulant sur son visage noir.

« Qu'as-tu fait, Dolly, avec la « laveuse » ? » s'exclama la maîtresse en levant les mains d'étonnement.

«Eh bien, vous voyez, mademoiselle», dit le domestique, «cette marchandise ne fonctionnera en aucun cas. J'ai essayé d'une manière, puis j'ai essayé d'une manière plus mamelle, et ça ne marchait toujours pas. Alors, voyez-vous, j'ai pris le tournevis et je l'ai mis en pièces. C'est pour ça que je ne m'entends pas plus vite avec le travail.

Mme Gaines retourna au salon, s'assit et poussa un bon cri, déclarant sa conviction que «des nègres ne pouvaient pas devenir des blancs, peu importe ce que vous deviez en faire».

Bien que le « charrue à brevets » et la « laveuse » aient échoué, le Dr et Mme Gaines ont eu la satisfaction de savoir que l'une de leurs nouvelles idées allait être mise en œuvre avec succès dans quelques jours.

Pendant qu'ils étaient au Nord, ils avaient mangé dans une ferme du fromage nouveau, tout juste sorti de la presse, et en parlant de cela, la vieille tante Nancy, la *maman noire* du lieu, lui dit qu'elle savait tout faire fromage. Ce renseignement donna satisfaction générale, et une presse à fromage fut aussitôt commandée à Saint-Louis.

L'arrivée du pressoir, la semaine suivante, fut le signal de la nouvelle sensation. Nancy fut aussitôt appelée à la grande maison pour surveiller la fabrication du fromage. On ne pouvait guère trouver personne plus fière que la vieille négresse. Ses débuts s'étaient déroulés sur les côtes orientales du Maryland, où les Noirs ont l'idée qu'ils sont, par nature, supérieurs à leur race dans toute autre partie du globe habitable. Nancy avait toujours qualifié les nègres du Kentucky et du Missouri de « déchets à faible teneur en sucre », et maintenant que tous devaient être ignorés et que le seul habitant du Maryland présent sur place était venu pour cette « grande occasion », sa coupe de bonheur était remplie. à ras bord.

"De quoi as-tu besoin, à part le presse-fromage, pour faire le fromage, Nancy ?" » demanda Mme Gaines, alors que la vieille servante se tenait devant elle, les mains posées sur ses hanches, et regardant la demi-douzaine d'esclaves qui flânaient autour, écoutant ce qui se disait.

"Eh bien, mademoiselle", répondit Nancy, "je dois avoir un runnet."

"Qu'est-ce qu'un runt ?" » demanda Mme Gaines.

«Eh bien, vous voyez, mademoiselle, il faut tuer un mouton et en sortir la gueule, et c'est ce qu'on appelle le runnet. Et je mets ça dans le lait, et ça fait cailler le lait pour faire du fromage.

"Alors je ferai tuer un mouton immédiatement", dit la maîtresse, et l'ordre fut donné à Jim de tuer le mouton. Peu après, la carcasse du mouton fut distribuée aux nègres, et « de runnet », entre les mains du vieux Nancy.

Ce soir-là, on s'amusait et on bavardait beaucoup dans les quartiers nègres et dans la cuisine, car on avait découvert parmi eux que c'était le coulis de veau, et non celui de mouton, qui était utilisé pour cailler le lait destiné à faire du fromage.

Le rire se tourna alors vers Nancy, qui, après avoir entendu toutes sortes de remarques sur ses connaissances en fromagerie, dit d'un ton triomphant, joignant l'action aux paroles :

« Vous, les nègres, pensez en connaître beaucoup, mais vous n'en savez pas autant que vous le pensez. Quand le mouton est tué, je sais que vous, les nègres, voudriez manger de la viande. Je le sais.

Avec cette remarque, Nancy fit taire tout le groupe. Puis, mettant sa main sur Kimbo, la vieille femme s'écria sarcastiquement : « Demain, vous aurez tous de la viande de veau pour le dîner, alors qu'aurez-vous à dire de la vieille Nancy ? N'entendant aucune réponse, elle dit : « Où êtes-vous, nègres intelligents, maintenant ? Où es-tu, je te hache ?

"Eh bien, si Ant Nancy n'est pas des punkins, dis chile connaît les nuffins", remarqua Ike en se levant de tout son long, observant la situation, comme s'il avait eu une nouvelle idée. "Je vous ai dit que Ant Nancy avait des meuglements dans la tête et ce que vous aviez attrapé avec un peigne fin", s'est exclamé Peter.

"Mais comment vas-tu dire à Missis qu'elle va tuer le mouton ?" demanda Jim.

Nancy s'est tournée vers le chef et a répondu : « C'est la même chose qui m'a demandé d'aller chercher des moutons pour que vous, les nègres, me disiez quoi faire. De Lord me guide toujours à travers mes ennuis et mes épreuves. Avant que j'ouvre mon mouf, il le remplit toujours.

Le lendemain, Nancy se présenta à la porte de la grande maison et fit venir sa maîtresse. A l'apparition de la dame, le domestique, d'un air entendu, dit : « Mademoiselle, quand la lune est froide et que l'eau y coule beaucoup, alors je dois mettre du coulis de veau dans le lait, au lieu de celui de brebis. Alors, hier soir, je vois que la lune est froide et que l'eau est haute.

«Eh bien, Nancy», dit la maîtresse, «je vais faire tuer un veau immédiatement, car j'ai hâte d'avoir une lune chaude. Allez dire à Jim de tuer un veau immédiatement, car je ne dois pas rester longtemps sans fromage. Au retour de Nancy aux quartiers, le vieux Ned, qui n'avait plus de travail et qui ne faisait que manger, dormir et parler, entendit l'explication de la femme et, frappant dans ses mains ridées, s'écria : « Eh bien, Nancy, tu es wof moo. Alors tous les nègres sont là, car tu nous donnes de la viande fraîche par temps chaud.

Après avoir obtenu le bon filet et deux semaines de travail sur le nouveau fromage, une petite chose molle, aigre et dure, ressemblant à tout sauf à un fromage, fut exposée à « Poplar Farm », au grand amusement des noirs. , et la déception des Blancs, et en particulier de Mme Gaines, qui avait souvent fait remarquer qu'elle « avait l'eau à la bouche pour le nouveau fromage ».

Aucune tentative ne fut faite par la suite pour renouveler la fabrication du fromage, et le pressoir fut posé sous le hangar, à côté de la machine à laver et de la charrue brevetée. Même si nous avions trois ou quatre serviteurs dignes de confiance et fidèles, il faut admettre que la plupart des nègres de « Poplar Farm » étaient toujours heureux de se soustraire au travail et pensaient que tromper les blancs était un devoir religieux.

L'esprit et la religion ont toujours été les points forts des nègres lorsqu'ils étaient esclaves. L'esprit avec lequel plaire à son maître, ou pour adoucir sa colère lorsqu'il est mécontent, et la religion pour lui permettre d'endurer la punition lorsqu'elle lui est infligée.

Le Dr et Mme Gaines ont été facilement trompés par leurs serviteurs. En fait, j'ai souvent pensé que Mme Gaines prenait un plaisir particulier à se laisser tromper par eux ; et même le Docteur, avec sa longue expérience et sa sagacité, se laisserait emporter sous presque n'importe quel prétexte. Par exemple, lorsqu'il se retirait le soir, Ike, son serviteur, sortait les vêtements de son maître de la pièce, les brossait et les rendait à temps pour que le Docteur puisse s'habiller pour le petit-déjeuner. Il n'y avait rien d'extraordinaire dans tout cela ; mais le maître faisait souvent remarquer qu'il trouvait qu'Ike brossait trop ses vêtements, car ils semblaient s'user beaucoup plus vite qu'auparavant. Ike, cependant, attribuait l'usure au fait que les marchandises manquaient de solidité. Ainsi le maître, sur les conseils de son domestique, changea de tailleur.

MME. SARAH PEPPER GAINES.

À peu près au même moment, la montre du Docteur s'est arrêtée la nuit et, lorsqu'elle a été amenée à la réparer, l'horloger l'a trouvée gravement endommagée, ce qui, selon lui, avait été causé par une chute. Le Docteur étant toujours très prudent avec sa montre, il ne pouvait en aucun cas expliquer l'arrêt. Ike a été interrogé sur la façon dont il s'en était occupé, mais il n'a pu apporter aucune lumière sur le sujet. Enfin, une nuit vers midi, un message arriva pour que le Docteur rende visite à un patient qui avait eu une soudaine crise de choléra morbus. Le fidèle Ike était introuvable et aucune trace des vêtements du Docteur n'a pu être découverte. On ne pouvait voir nulle part même la montre, qui était toujours posée sur la tablette de la cheminée.

Il semblait clair qu'Ike s'était enfui avec les vêtements quotidiens de son maître, la montre et tout. Oui, et des recherches plus poussées ont montré que les bottes, dont un talon de quatre pouces était plus haut que l'autre, avaient également disparu. Mais partez, le Docteur doit le faire ; et Mme Gaines et nous tous sommes allés travailler pour préparer le Docteur.

Pendant que Caton cherchait les vieilles bottes et qu'Hannah était dans le grenier pour chercher le vieux chapeau, Jim revint de la grange et informa son maître que le cheval d'oseille, qu'il avait ordonné de seller, était introuvable ; et qu'il avait sorti la jument bai, et comme il n'y avait pas de selle sur place, Ike ayant pris la seule, lui, Jim, avait mis la robe de buffle sur la jument.

C'était une nuit au clair de lune, et voir le Docteur à cheval sans selle, vêtu de son costume de naufragé, était en effet ridicule à l'extrême. Cependant, il a rendu visite, a sauvé la vie du patient, est rentré à la maison et s'est couché confortablement. Le lendemain matin, à la grande surprise du Docteur, Ike entra, à son heure habituelle, les vêtements dans une main et les bottes joliment noircies dans l'autre. L'esclave fidèle n'avait vu aucun des autres serviteurs et, par conséquent, n'était pas au courant de la disparition du maître la nuit précédente.

"Est-ce que l'un des domestiques était absent hier soir?" » demanda le Docteur, tandis qu'Ike posait soigneusement les vêtements sur une chaise et posait les bottes.

"Non, je ne tache pas", répondit Ike.

« Étiez-vous parti quelque part la nuit dernière ? demanda le maître.

«Non, monsieur», répondit le domestique.

"Quoi! pas du tout hors de propos ? demanda vivement le docteur. Ike avait l'air confus et commença visiblement à « sentir une souris ».

"Eh bien, Massa, je n'étais pas absent seulement pour me rendre à la réunion de prière à De Corners, un petit moment, c'est tout", a déclaré Ike.

"Où est ma montre?" demanda le docteur.

"Je vois qu'il est sur la cheminée, là où je l'ai mis hier soir, monsieur", répondit Ike, et en même temps il atteignit la montre, où il l'avait posée un instant auparavant, et la leva triomphalement, " Le voici, monsieur, là où je l'ai laissé hier soir.

On a dit à Ike de partir, ce qu'il a fait avec plaisir. « Que dois-je faire de cet homme ? » dit le docteur à sa femme, tandis que le domestique quittait la chambre.

Ike avait à peine atteint l'arrière-cour qu'il rencontra Cato, qui lui fit part de son absence de la nuit précédente, alors que son maître était au courant. Quand Ike eut tout entendu, il s'exclama: "Eh bien, ce vieux patron le sait, ce nègre est sûr que tu es né."

"Je ne serais pas à ta place, Ike, pour un tas, ce matin", a déclaré Cato.

"Eh bien," répondit Ike, "je remercie le Seigneur d'avoir une religion pour le supporter."

Le Dr Gaines, alors qu'il s'habillait, ne trouva rien d'exceptionnel jusqu'à ce qu'il vienne examiner les bottes. Le Docteur était boiteux de naissance. Ici, il a vu des preuves indubitables que le talon haut avait été retiré et remplacé par une vis insérée à l'intérieur et que la couture avait été cirée. Le docteur Gaines avait souvent pensé, en mettant ses bottes le matin, qu'elles paraissaient un peu lâches, et en en parlant à son domestique, le nègre attribuait cela au noircissement qui, disait-il, « faisait étirer le cuir. »

Ce matin-là, lorsque le petit-déjeuner fut terminé et que les nègres appelèrent aux prières familiales, tous les regards étaient tournés vers Ike.

Il a toujours paru étrange que les nègres semblent prendre autant de plaisir à voir leurs compagnons de service dans une « mauvaise passe ». Mais c'est néanmoins vrai, et la « malchance » d'Ike semble fournir du sport aux vieux et aux jeunes de sa propre race. À la fin des prières, le Docteur dit : « Maintenant, Ike, je veux que vous me disiez la vérité, et rien que la vérité, sur où vous vous trouviez la nuit dernière, et pourquoi vous avez usé mes vêtements ?

"Eh bien, Massa", dit Ike, "je suis prêt à vous dire la vérité de Dieu."

"C'est ce que je veux, Ike", remarqua le maître.

"Maintenant," continua le nègre, "j'avais des vêtements pour danser, comme tu vois, massa, je savais que tu ne voulais pas que ton serviteur du corps aille au bal avec l'air moins bien habillé que les garçons de messieurs. Alors tu vois, je n'avais pas de vêtements moi-même, alors je prends les tiens. J'ai dû faire tomber le talon de la botte boiteuse pour pouvoir le supporter. Et puis j'ai pris « ole Sorrel », parce qu'il marche si vite et si facilement. Aucun chien de mamelle n'a pu m'amener en ville à temps pour le bal, à l'exception de "ole Sorrel". Vous voyez, massa, dix miles est un bon chemin à parcourir après être allé vous coucher. Maintenant, Massa, j'espère que tu me pardonneras cette fois, et je ne le ferai jamais, meh.

Pendant qu'Ike racontait son histoire, son maître gardait les yeux rivés sur lui et, à la fin, dit : « Vous m'avez d'abord dit que vous étiez à la réunion de prière aux Corners ; pourquoi as-tu fait ça ?

"Eh bien, Massa," répondit Ike, "je savais que j'aurais dû aller à la réunion de travail, et c'est pour cette raison que j'ai dit que j'étais chéri."

« Et tu es une jolie chrétienne, tu vas à un bal au lieu de ta réunion de prière. C'est la cinquième fois que vous tombez en disgrâce, dit le maître.

"Oh, non", répondit rapidement Ike ; "C'est seulement la quatrième fois que je recule."

«Mais ce n'est pas la première fois que vous prenez mes vêtements et que vous les portez. Et voilà ma montre, tu ne pouvais pas lire l'heure, qu'est-ce que tu voulais avec ça ? dit le Docteur.

« Oui, Massa », répondit Ike, « je vais dire la vérité ; Je portais les vêtements avant cette heure, et je prends la montre aussi, et je l'ai laissée tomber, et c'est pour ça qu'elle s'est arrêtée à cette heure. Et je sais que je ne pouvais pas lire l'heure grâce à la montre, mais je l'ai deviné, et cela a incité les nègres à me regarder, pour me voir avoir une montre.

L'annonce de la présence du colonel Lemmy à la porte a interrompu l'enquête plus approfondie sur le cas d'Ike. Le colonel était tout le contraire du Dr Gaines, estimant qu'il n'y avait rien de bon chez le nègre, si ce n'est de travailler dur, et estimant que tous les efforts religieux visant à améliorer la condition de la race étaient du temps gaspillé.

Le Colonel rit de bon cœur pendant que le Docteur racontait comment Ike avait porté ses vêtements. Il demanda rapidement si le serviteur avait été puni, et lorsqu'on lui répondit que non, il répondit : « Le fouet vaut plus que toute la religion du monde. Votre garçon, Ike, avec le reste des nègres du coin, iront à une réunion de prière et diront à quel point ils se sentent bien ou à quel point ils se sentent mal, selon les cas. Ils pleureront, gémiront, frapperont dans leurs mains, se tapoteront les pieds, s'émerveilleront jusqu'à faire mousser la sueur, chanteront,

Je suis prêt à continuer de grimper haut,
voir la terre hebbenly ;
Jusqu'à ce que je rencontre ces anges dans un ciel,
voir la terre hebbenly.

Je verrai ces anges potes,
Voir de hebbenly lan' ;
Pourquoi ne pas me laisser tranquille,
voir de hebbenly lan'.

« Oui, docteur ; ces nègres prieront jusqu'à midi ; interrompez leur réunion et rentrez chez vous en criant et en chantant : « Gloire alléluia ! et chacun d'entre eux volera un poulet, une dinde ou un cochon et criera : « Descends, doux char, et » ramène-moi à la maison à Hebben ! oui, et ils continuent à chanter jusqu'à ce qu'ils s'endorment. Vous pouvez donner la religion à vos esclaves, et je donnerai le fouet aux miens, et je parie que j'obtiendrai le plus de tabac et de chanvre du même nombre de mains.

« Je ne pense guère, » dit le Docteur après avoir écouté attentivement son voisin, « que je puisse laisser passer Ike sans être puni. Pourtant, je ne suis pas d'accord avec vous en ce qui concerne les bons effets de la religion sur toutes les classes, plus particulièrement sur nos nègres, car l'Africain est par excellence un être religieux ; chez eux, je l'avoue, il y a une superstition considérable. Ils croient en permanence à la bonne et à la malchance, aux fantômes, à la bonne aventure, etc. mais nous, les Blancs, ne sommes pas entièrement exempts de telles notions.

Aux dernières phrases, les yeux du colonel brillèrent et il commença à pâlir, car il était bien connu qu'il croyait fermement aux fantômes et à la bonne aventure.

« Maintenant, docteur », dit le colonel Lemmy, « tout homme sensé doit admettre le fait que les fantômes existent et qu'il n'y a rien au monde de plus vrai que de dire que l'avenir peut être prédit. Regardez le procès de Mme McWilliams avec le major Todd. Elle alla voir le vieux Frank, le nègre devin, et lui demanda quel avocat elle devait employer. Le vieil homme la regarda pendant un moment ou deux et dit : « Mademoiselle, vous avez en tête deux avocats, un grand homme et un petit homme. Si vous prenez le grand homme, vous perdez l'affaire ; Si vous prenez le petit homme, vous gagnez le procès. Effectivement, elle envisageait l'emploi de McGuyer ou de Darby. Le premier est un grand homme ; ce dernier était, comme vous le savez, un petit homme. Ainsi, suivant les conseils du vieux nègre, elle obtint les services de John F. Darby et obtint le procès.

"Oui", répondit le docteur, "j'ai toujours entendu dire que la veuve McWilliams avait obtenu gain de cause en consultant le vieux Frank."

« Eh bien, docteur, » continua le colonel d'une manière animée, « quand les courses eurent lieu à Saint-Louis, il y a trois ans, je suis allé voir la vieille Betty, la diseuse de bonne aventure aveugle, pour voir quel cheval allait gagner ; et elle a dit : « Massa, parie ton argent sur la jument grise. Eh bien, voyez-vous, tout le monde pensait que le cheval noir de Johnson allait gagner, et des sommes considérables ont été pariées sur lui. Cependant, j'ai parié cent dollars sur la jument grise et, à la grande surprise de tous, elle a gagné. Une fois la course terminée, on m'a demandé comment j'en étais arrivé à parier sur la jument, alors que tout le monde mettait de l'argent sur le cheval. Je leur ai alors dit que je n'avais jamais risqué mon argent sur aucun cheval, jusqu'à ce que je sache lequel allait gagner.

"Maintenant, en ce qui concerne les fantômes, laissez-moi vous dire, docteur, que j'ai vu le fantôme du colporteur qui a été assassiné sur l'ancienne route, aussi sûr que vous êtes né."

« Pensez-vous ? » demanda le docteur.

"Je le pense! Eh bien, je le sais, tout aussi bien que je sais que je te vois maintenant. Il avait son sac sur le dos ; et c'était de jour, pas de travail de nuit. Il m'a regardé et je l'ai observé jusqu'à ce qu'il soit hors de vue. Mais n'avais-je pas peur ? ça m'a fait dresser les cheveux sur la tête, je vous le dis.

« Vous a-t-il parlé ? demanda le docteur.

"Oh non! il ne parlait pas, mais il avait un regard triste et, alors qu'il disparaissait de notre vue, il se retourna et me regarda par-dessus son épaule.

La plupart des superstitions parmi les Blancs, dans notre section, étaient le résultat de leurs liens étroits avec les Noirs ; car les domestiques racontaient les histoires les plus insensées aux enfants dans les crèches, et ils en apprenaient davantage, à mesure qu'ils grandissaient, auprès des esclaves dans les quartiers ou sur les lieux.

CHAPITRE VI.

RENTABLES et intéressants étaient toujours nécessaires aux Corners, l'endroit le plus proche de la « Ferme des peupliers ». A la taverne, à la poste et au magasin, tout le quartier se réunissait pour lire les nouvelles, comparer les notes et parler politique.

Les spectacles osaient rarement s'arrêter là, faute de mécénat suffisant. Une fois tous les trois mois, cependant, ils organisaient un « Gander Snatching », qui ne manquait jamais de rassembler un grand nombre de dames et d'hommes, l' *élite* aussi bien que le commun. L'organisation de ce divertissement procurerait un aperçu des espèces d'oies sauvages. Cet oiseau avait un long cou, qui était grand à mesure qu'il s'élevait au-dessus de la poitrine, mais se rétrécissait progressivement, sur plus de la moitié de la longueur, jusqu'à devenir petit et en forme de serpent, se terminant par une tête longue et mince et un bec pointu. . La tête et le cou du jars étaient bien graissés ; les pattes étaient attachées ensemble avec une corde solide, et l'oiseau était ensuite attaché par ses pattes à une branche oscillante d'un arbre. Les *Snatchers* devaient être à cheval et lancer quinze ou vingt cannes du jars, chevauchant à toute vitesse, et, en passant sous l'oiseau, ils avaient le droit de lui arracher la tête s'ils le pouvaient. Pour accélérer la vitesse des chevaux, un homme était posté à quelques pieds du jars, avec l'ordre de donner à chaque cheval un coup de fouet au passage.

Parfois, la tête de l'oiseau était attrapée par dix ou par douzaines avant de réussir à l'arracher, ce qui était nécessaire ; souvent, par le saut brusque de l'animal, ou par le cavalier ayant bu un peu trop de vin, il tombait de son cheval, ce qui donnait un intérêt supplémentaire à l'« Arrachage ».

Le pauvre jars faisait souvent preuve de bien plus de sagacité que ses tortionnaires. Après avoir attrapé la tête une ou deux fois, le jars relevait la tête ou esquivait. Parfois, le voleur avait à la main un morceau de papier de verre, ce qui lui permettait de mieux serrer. Mais cette manière de faire fut généralement considérée comme injuste et provoqua un jour un duel au cours duquel les deux parties furent grièvement blessées.

Mais l'amusement le plus coûteux et le plus nuisible auquel les gens de notre section s'adonnaient était celui du jeu de cartes, une espèce de jeu à laquelle on se livrait trop souvent dans tout le Sud. Cet amusement cause beaucoup de tristesse, car il arrive souvent que des messieurs perdent de grosses sommes aux tables de jeu, s'embarrassant souvent sérieusement, apportant parfois la ruine de familles entières.

M. Oscar Smith, résidant près de « Poplar Farm », a fait un voyage à Saint-Louis, de là à la Nouvelle-Orléans et retour. Sur le bateau à vapeur, il s'est laissé séduire par le jeu.

« Allez appeler mon garçon, intendant », dit M. Smith en prenant ses cartes une à une sur la table.

Au bout de quelques instants, un beau garçon mulâtre aux yeux brillants, âgé apparemment d'une quinzaine d'années, se tenait à table à côté de son maître.

«Je vous verrai et cinq cents dollars de mieux», dit Smith alors que son serviteur Jerry s'approchait de la table.

« Quel prix fixez-vous à ce garçon ? » » demanda Johnson en sortant un rouleau de billets de sa poche.

"Il rapportera mille dollars, n'importe quel jour, sur le marché de la Nouvelle-Orléans", a répondu Smith.

« Alors vous avez parié sur le garçon en entier, n'est-ce pas ? »

"Oui."

« Je vous appelle alors », dit Johnson, en étalant en même temps ses cartes sur la table.

"Vous m'avez battu", a déclaré Smith dès qu'il a vu les cartes.

Jerry, qui se tenait au sommet de la table, avec les billets de banque et les dollars en argent autour de ses pieds, reçut maintenant l'ordre de descendre de la table.

"Vous n'oublierez pas que vous m'appartenez", dit Johnson, alors que le jeune esclave passait de la table à la chaise.

JEU POUR UN ESCLAVE.

"Non, monsieur", répondit le bien.

« Maintenant, retourne dans ton lit et lève-toi à temps demain matin pour brosser mes vêtements et nettoyer mes bottes, tu entends ? »

"Oui, monsieur", répondit Jerry en essuyant les larmes de ses yeux.

En quittant la table de jeu, M. Smith dit : « Je revendique le droit de racheter ce garçon, M. Johnson. Mon père me l'a donné quand je suis devenu majeur et j'ai promis de ne pas me séparer de lui.

"Très certainement, monsieur, le garçon sera à vous chaque fois que vous m'en remettrez mille dollars", répondit Johnson.

Le lendemain matin, alors que les passagers se rassemblaient dans les salles de petit-déjeuner et sur les gardes du navire, et que l'on voyait les domestiques courir partout, attendant ou cherchant leurs maîtres, le pauvre Jerry entrait dans la cabine de son nouveau maître avec ses bottes. .

L'esprit véritable du nègre est souvent une merveille pour les blancs, et cet esprit ou humour, comme on peut l'appeler, est mis en valeur de diverses manières. Il n'est pas rare que le Noir en fasse preuve, alors qu'il entend réellement être très solennel.

Ainsi notre Sampey rencontra Davidson's Joe, sur la route des Corners, et l'appela plusieurs fois sans obtenir de réponse. Finalement, Joe, paraissant très ennuyé, s'arrêta, regarda Sampey avec une attitude surprise et s'écria : «

Tu n'as pas de manières ? Où sont tes yeux ? Ne vois-tu pas que je suis à un enterrement ?

Ce n'est qu'à ce moment-là que Sampey vit que Joe avait dans ses bras une boîte, ressemblant à un cercueil, dans laquelle se trouvait un enfant noir décédé. Le nègre faisait souvent preuve d'esprit au détriment de son maître ou de sa maîtresse.

Lorsque les visiteurs se trouvaient à « Poplar Farm », le Dr Gaines appelait fréquemment Cato pour chanter une chanson ou faire une blague, pour le plaisir de l'entreprise. Un jour, priant le domestique de porter un toast, en tendant en même temps un verre de vin au nègre, celui-ci prit le verre, le leva, le regarda, commença à montrer son ivoire et dit :

"La grande abeille vole haut,
la petite abeille fait le miel,
l'homme noir élève le coton, et
l'homme blanc reçoit l'argent."

Le même serviteur se rendant un jour de sabbat fut rencontré en chemin par le major Ben. O'Fallon, qui montait à cheval, avec un parapluie levé pour se protéger de la pluie. Le major, voyant le nègre marcher tête nue et avec quelque chose sous son manteau, pensant qu'il avait volé quelque objet qu'il essayait de cacher, dit : « Qu'est-ce que tu as sous ton manteau, mon garçon ?

«Rien, monsieur, que mon chapeau», répondit l'esclave, tout en sortant un castor d'occasion.

"Est-ce le vôtre?" demanda le major.

«Oui, monsieur», fut la réponse rapide du nègre.

"Eh bien," continua le major, "si c'est le vôtre, pourquoi ne le portez-vous pas pour protéger votre tête de la pluie ?"

"Oh!" répondit le domestique avec un sourire apparemment satisfait, la tête appartient à Massa et le chapeau m'appartient. Laisse Massa s'occuper de ses biens, et je m'occuperai des miens.

Le Dr Gaines, alors qu'il emmenait un voisin à la porcherie pour lui montrer quelques porcs de choix qu'il prévoyait pour le bacon de l'hiver prochain, dit à Dolly qui nourrissait les porcs : « Combien de saindoux pensez-vous pouvoir retirer de ce gros cochon, Dolly ?

La vieille négresse gratta sa tête laineuse, lança un regard pensif et répondit : « Je parie que je peux remplir un seau, si le seau n'est pas trop grand.

"Je pense que vous le pouvez", répondit le maître.

Les dames ne sont pas sans loisirs, dont le plus courant est de prendre du tabac. On transporte une tabatière ou une bouteille, et avec elle un tout petit bâton ou canne, qui a été mâché au bout jusqu'à former une petite vadrouille. Les petites louches ou bâtonnets sont vendus en paquets à l'usage des dames et peuvent être achetés simplement coupés dans les longueurs requises ou mâchés prêts à l'emploi. La louche l'humidifie de salive, la plonge dans la tabatière, puis soulève la serpillère ainsi chargée à l'intérieur des lèvres. Dans certaines régions, ils distribuent courtoisement le tabac à priser et la louche, ou déposent une quantité abondante de tabac à priser sur la table, dans laquelle toute la compagnie peut puiser.

Même parmi les meilleures classes de Blancs, les dames se rassemblaient souvent en nombre considérable, surtout pendant les réunions de réveil, plaçaient un plat à laver au milieu de la pièce, toutes se rassemblaient autour, commençaient à prendre du tabac et toutes utilisaient le lavabo. -plat comme crachoir commun.

Chaque dame bien élevée porte sa propre tabatière et sa louche. Généralement, pendant le service religieux, où l'ecclésiastique est un peu proactif, le tabac à priser est indispensable.

CHAPITRE VII.

QUARANTE ans, dans les États du Sud, la superstition occupait une place exaltée auprès de toutes les classes sociales, mais plus particulièrement chez les Noirs et les Blancs incultes ou pauvres. Cela se manifestait plus clairement dans leur croyance à la sorcellerie en général et au diable en particulier. Pour ces deux classes, le diable était un être réel, arborant un pied bot, des cornes, une queue et une bosse sur le dos.

L'influence du diable était bien plus grande que celle du Seigneur. Si l'un de ces fidèles avait volé un cochon et que la crainte du Seigneur l'envahissait, il demanderait très probablement au Seigneur de lui pardonner, tout en s'accrochant au cochon. Mais si la peur du diable l'envahissait, il laisserait probablement tomber le cochon et s'enfuirait.

À cette époque, la ville de Saint-Louis comptait un grand nombre de personnes ayant une foi implicite dans le vaudouisme. Une fois, j'ai assisté à l'une de leurs réunions de minuit. Dans les rayons pâles de la lune, les contours sombres d'une grande assemblée étaient visibles, rassemblés autour d'un petit feu, conversant en différentes langues. C'étaient des nègres de tous âges : femmes, enfants et hommes. Finalement, le bruit fut étouffé et le groupe rassemblé adopta une attitude de respect. Ils firent place à leur reine, et une petite vieille négresse noire entra en scène, suivie de deux aides, dont l'une portait un chaudron et l'autre une boîte.

Le chaudron fut posé sur les braises mourantes, la reine sortit des plis de sa robe une baguette magique, et la foule formait un cercle autour d'elle. Son premier acte fut de jeter une substance sur le feu, les flammes jaillirent avec un éclat sinistre - tantôt elles se tordaient en serpentins, tantôt elles s'élançaient vers le haut en langues fourchues, puis elles se transformaient progressivement en un voile de vapeurs sombres. A ce stade, après un certain charabia et des gesticulations sauvages de la part de la reine, la boîte fut ouverte et des grenouilles, des lézards, des serpents, des foies de chien et des cœurs de bœuf en sortirent et furent jetés dans le chaudron. Puis suivirent davantage de charabia et de gesticulations, lorsque la congrégation se donna la main et commença la danse la plus folle imaginable, la poursuivant jusqu'à ce que les hommes et les femmes tombent au sol par simple épuisement.

À l'époque ignorante de l'esclavage, on croyait généralement qu'un fer à cheval accroché au-dessus de la porte assurerait la chance. J'ai vu des nègres, par ailleurs relativement intelligents, refuser de ramasser une épingle, une aiguille ou tout autre objet similaire laissé tomber par un nègre, parce que, comme ils le prétendaient, si la personne qui avait laissé tomber les articles avait de la rancune contre eux, il ne fallait pas toucher quoi que ce soit. ils les laisseraient tomber et les rendraient gravement malades.

Presque toutes les grandes plantations, peuplées d'un nombre considérable de nègres, en possédaient au moins un qui prétendait être un devin et qui était considéré avec plus que le respect commun de ses camarades esclaves. Dinkie, un Africain de sang pur , de grande taille, aux traits grossiers et prétendant être le descendant d'un roi de son pays natal, était l'oracle de la « Ferme des peupliers ». Au moment où j'écris, Dinkie avait environ cinquante ans, avait perdu un œil et était, pour le moins, un homme très laid.

Personne dans cette section n'était considéré comme aussi profondément immergé dans le vaudouisme, le goophérisme et la bonne aventure que lui. Même s'il faisait partie de la famille Gaines depuis de nombreuses années, personne ne se souvenait de l'époque où Dinkie était appelé à effectuer des travaux manuels. Il n'était pas malade, mais il n'a jamais travaillé. Personne ne l'a gêné. S'il avait envie de nourrir les poules, les cochons ou le bétail, il le faisait. Dinkie chassait, dormait, était à table à l'heure des repas, parcourait les bois, allait en ville et revenait quand il voulait, sans personne pour s'opposer ou poser une question. Tout le monde le traitait avec respect. Les Blancs, dans tout le quartier, tiraient leur chapeau au vieux nègre borgne, tandis que les policiers ou patrouilleurs lui permettaient de passer sans contestation. Partout, les nègres avaient une peur mortelle de « l'oncle Dinkie ». Les noirs qui le voyaient tous les jours étaient toujours portés sur leur bonne conduite lorsqu'ils étaient en sa présence. J'ai demandé un jour à un nègre pourquoi il semblait avoir peur de Dinkie. Il m'a regardé, a haussé les épaules, a souri, a secoué la tête et a dit :

"Je n'ai pas peur de Debble, mais je ne suis pas encore prêt à aller vers lui, Jess." Il jeta ensuite un coup d'œil autour de lui et derrière lui, comme s'il craignait que quelqu'un n'entende ce qu'il disait, puis il poursuivit : « Dinkie a le pouvoir, monsieur ; il connaît les choses visibles et invisibles, et c'est ce qui fait de lui son propre masse.

C'était littéralement vrai, cet homme était son propre maître. Il portait une peau de serpent autour du cou, une grenouille pétrifiée dans une poche et un lézard séché dans l'autre.

Un spéculateur d'esclaves est arrivé un jour et a proposé d'acheter Dinkie. Le Dr Gaines a sans aucun doute pensé que c'était une bonne occasion de se débarrasser de l'éléphant et a accepté l'argent. Un jour plus tard, le commerçant rendit le vieux nègre, sous la menace d'une action en justice pour dommages et intérêts.

Un nouveau surveillant a été embauché par le Dr Gaines pour prendre en charge la « Poplar Farm ». Son nom était Grove Cook et il était largement connu comme un homme capable de gérer des plantations et de récolter une grande quantité de produits auprès d'un nombre donné de mains. Cook était qualifié de « surveillant acharné ». Les nègres redoutaient son arrivée et, pendant des semaines avant son arrivée, le nom du surveillant était sur la langue de tous les esclaves.

Cook est venu, il a appelé les nègres, hommes et femmes ; il les comptait, les examinait comme un acheteur le ferait d'un troupeau de bétail qu'il avait l'intention d'acheter. Alors qu'il s'apprêtait à les renvoyer, il vit Dinkie sortir de sa cabine. L'œil perçant du surveillant se tourna aussitôt vers lui.

« Qui est ce nègre ? » » demanda Cook.

"C'est Dinkie", répondit le Dr Gaines.

« Quelle est sa place ? continua le surveillant.

"Oh, Dinkie est un gentleman au sens large !" fut la réponse.

"Avez-vous des objections à ce qu'il travaille?"

"Aucun, peu importe."

"Eh bien, monsieur," dit Cook, "je le mettrai au travail demain matin."

Dinkie a été appelé et compté.

A l'appel, le lendemain matin, tous répondirent sauf le prestidigitateur ; Il n'était pas là.

Le surveillant s'enquit de Dinkie et fut informé qu'il dormait encore.

« Je vais le sortir de son lit en toute hâte », dit Cook en se dirigeant vers la cabane du nègre. Dinkie apparut à sa porte, au moment où le surveillant approchait.

«Suivez-moi jusqu'à la grange», dit le chauffeur impatient au nègre. « Je me fais un devoir de toujours fouetter un nègre, le premier jour où je prends en charge une ferme, pour que les mains sachent qui je suis. Et maintenant, M. Dinkie, on me dit que vous n'avez pas eu le dos bronzé depuis de nombreuses années ; et cela étant, je vous donnerai une flagellation que vous n'oublierez jamais. Suivez-moi jusqu'à la grange. Cook se dirigea vers la grange, mais se retourna et entra chez lui chercher son fouet.

À ce stade, Dinkie lança un regard complice aux autres esclaves qui se tenaient à proximité et dit : « S'il pose le poids de son doigt sur moi, vous verrez le toit de cette grange se détacher.

La réapparition du surveillant, avec le grand fouet nègre dans une main et un gourdin dans l'autre, avec l'exigence significative de « suivez-moi », provoqua un profond sentiment dans la poitrine de chaque nègre présent.

Le Dr Gaines, s'attendant à une difficulté entre son nouveau chauffeur et le prestidigitateur, s'était levé tôt et se tenait à la fenêtre de sa chambre et regardait.

La nouvelle que Dinkie devait être fouetté se répandit partout dans la ville et avait fait venir des hommes, des femmes et des enfants. Même l'oncle Ned, le vieux nègre de quatre-vingt-dix ans, avait rampé hors de sa paille et se trouvait à la porte de sa cabine. Alors que les portes de la grange se fermaient derrière le contremaître et Dinkie, un silence de mort envahissait tout le groupe qui, au lieu de se rendre au travail, comme l'avait ordonné le chauffeur, se tenait comme paralysé, regardant attentivement la grange, attendant chaque instant. moment pour voir le toit soulevé.

Personne ne prononça un mot, à l'exception de l'oncle Ned, qui sourit, secoua la tête, prit un air complice et dit : « Ma parole, l'observateur n'est pas contre de fouetter Dinkie.

Cinq minutes, dix minutes, quinze minutes passèrent, et le son habituel de « Oh, je vous prie, massa ! Oh, je vous prie, massa ! » entendu à l'occasion de la punition d'un esclave, n'était pas encore sorti de la grange.

Beaucoup de nègres plus âgés se rassemblèrent autour de l'oncle Ned, car lui et Dinkie occupaient la même cabane, et le vieil esclave suranné en savait plus que quiconque sur les affaires du prestidigitateur. Ned raconta que la nuit précédente, Dinkie avait peu dormi, avait inspecté de près la peau du serpent autour de son cou, la grenouille pétrifiée et le lézard séché dans ses poches, et s'était frotté partout avec du goopher ; et quand il eut fini, il s'agenouilla et s'écria :

« Or, bon et aimable diable, depuis plus de vingt ans, je te sers fidèlement. Avant d'entrer à votre service, les Blancs m'ont acheté et vendu, ainsi que ma vieille femme, et m'ont fouetté, et m'ont à moitié affamé. Ils m'ont vraiment mal traité, tu le sais. Alors, j'avais l'habitude de prier le Seigneur, mais cela n'a servi à rien, parce que les Blancs n'ont pas peur du Seigneur. Mais ils vous craignent, et depuis que je suis à votre service, je peux faire ce que je veux. Aucun Blanc n'ose poser la main sur moi ; et tout cela est dû au pouvoir que vous me donnez. Oh, bon et charmant diable ! s'il vous plaît, conservez cette alimentation. Un nouvel observateur doit venir ici demain, et il veut me prendre entre ses mains. Mais, cher diable, je te demande de rester à mes côtés pendant mon heure d'épreuve, et je ne t'abandonnerai jamais aussi longtemps que je vivrai. Contenir ce pouvoir; rends-moi fort dans ta cause ; rends-moi plus fidèle à toi, et laisse-moi encore pouvoir vaincre mes ennemis, et je te donnerai toute la gloire, et j'essaierai de mériter une place à ta droite.

En retenant leur souffle, tout le monde écoutait oncle Ned. Tous avaient la plus grande confiance dans le « pouvoir » de Dinkie. Aucun ne croyait qu'il serait puni, tandis qu'un grand nombre s'attendait à voir à tout moment le toit de la grange exploser. Le suspense était enfin rompu. La porte de la grange s'ouvrit à la volée ; le surveillant et le prestidigitateur sortirent ensemble, marchant côte à côte, et se séparèrent à mi-chemin de l'allée. Alors qu'ils se séparaient, Cook se rendit sur le terrain et Dinkie dans sa cabane.

Les esclaves secouaient tous la tête de manière significative. Le fait que le vieux nègre n'ait reçu aucune punition était une preuve de sa victoire sur le négrier. Mais la manière dont cet exploit avait été accompli restait un mystère. Personne n'osait demander à Dinkie, car il restait toujours silencieux, sauf lorsqu'il avait quelque chose à communiquer. Tout le monde avait peur de s'enquérir auprès du surveillant.

Il y avait cependant une faible chance d'avoir une idée de ce qui s'était passé dans la grange, et c'était grâce à l'oncle Ned. Ce fait fit du vieil esclave surannée le héros et le centre d'attraction pendant plusieurs jours. De nombreuses demandes d'informations furent adressées à Ned, mais le vieil homme ne savait pas, ou souhaitait exagérer l'importance de ce qu'il avait appris.

"Je vous le dis", dit Dolly, "Dinkie est un pouvoir."

"Il n'est dupe de personne", a répondu Hannah.

"Je ne le mettrais pas en colère contre moi, pour le monde entier", a éjaculé Jim.

À ce moment-là, Nancy, la cuisinière, arriva pleine de nouvelles. Elle avait donné à oncle Ned du « pain craquelin », ce qui avait tellement plu au vieil homme qu'il lui avait ouvert le sein et lui avait raconté tout ce qu'il avait reçu de Dinkie. Cette information vola rapidement de cabane en cabane et amena précipitamment les esclaves dans la cuisine.

C'était la nuit. Nancy s'est assise, a regardé autour d'elle et a dit à Billy de fermer la porte. Cela a accru l'intérêt, de sorte que la chute d'une épingle aurait pu être entendue. Tous les regards étaient tournés vers Nancy et elle sentait profondément l'importance de sa position. Sa voix était généralement forte, avec une sonnerie aiguë, qu'on pouvait entendre de loin, surtout dans le calme de la nuit. Mais maintenant, Nancy parlait à voix basse, mettant parfois son doigt sur sa bouche, indiquant un désir de silence, même lorsque la respiration des personnes présentes pouvait être distinctement entendue.

«Quand ils sont entrés dans la grange, l'observateur a dit à Dinkie: 'Déshabille-toi; Je ne veux pas déchirer tes vêtements avec mon fouet. Je vais déchirer ta peau noire.

« Là, voyez-vous, Dinkie a demandé à l'observateur de regarder dans le coin est de la grange. Il a regardé, et il a vu l'enfer, avec tous les tourments, et les déboires, avec son pied fourchu, se pavanant partout, comme s'il était un coq pour marcher. Et Dinkie a toléré Cook, et s'il posait le doigt sur lui, il appellerait Debble pour l'emmener.

"Et qu'est-ce que Cook a dit à ça?" demanda Jim.

« Laissez-moi tranquille ; Je ne vous ai pas tout dit », a déclaré Nancy. "Alors vous voyez l'observateur pâlir au visage, et il dit à Dinkie: 'Laissez-moi partir à ce moment-là, et' je ne vous dérangerai plus.'"

Ceci concluait l'histoire de Nancy, racontée par le vieux Ned et religieusement crue par toutes les personnes présentes. Quelle que soit la raison pour laquelle le surveillant ait changé d'avis au sujet de la flagellation de Dinkie, il était certain qu'il était tout à fait satisfait de laisser le vieux nègre s'en tirer sans la punition menacée ; et, bien qu'il soit resté à « Poplar Farm », en tant que surveillant, pendant cinq ans, il n'a plus jamais interféré avec le prestidigitateur.

Il n'est pas étrange que des ignorants croient à des personnages de la trempe de Dinkie ; mais il est vraiment merveilleux que des hommes et des femmes bien instruits donnent quelque soutien que ce soit à des illusions telles que celles pratiquées par l'oracle de « Poplar Farm ».

L'illustration suivante peut être considérée comme un bon exemple de la manière facile avec laquelle Dinkie exerçait son métier.

Miss Martha Lemmy, en visite chez Mme Gaines, profita de l'occasion pendant la journée pour rendre visite à Dinkie. Le prestidigitateur connaissait les antécédents de son visiteur et était prêt à donner entière satisfaction dans sa ligne particulière. Lorsque la jeune femme entra dans la cabane du vieillard, celui-ci la rencontra, lui dit de lui être la bienvenue et de lui dire pourquoi elle était venue. Elle s'assit sur un tabouret et lui sur un autre. Prenant la main droite de la dame dans la sienne, Dinkie cracha dans sa paume, la frotta, la regarda, ferma son œil unique, l'ouvrit et dit : « Je vois un jeune gentleman, et il est riche et possède beaucoup de terres. et un tas de nègres ; et, voilà ! Mademoiselle Marfa, il vous aime.

La dame poussa un long soupir de satisfaction apparente et demanda : « Êtes-vous sûr qu'il m'aime, oncle Dinkie ?

"Oh! Miss Marfa, je le connais comme un livre.

"Avez-vous déjà vu ce monsieur?" » s'enquit la dame.

Le prestidigitateur commença à frotter la paume de la main blanche comme neige, se parla à voix basse, sourit, puis éclata de rire et dit : « Eh bien, Miss Marfa, dans ma vie, c'est M. Scott, et il pense à tu sais; oui, il pense à toi en un instant. Mais comme il a changé de sens, je l'ai vu la dernière fois.

Maintenant, il a des moustaches latérales et une moustache sur le menton. Mais laissez-moi voir. Voici quelque chose d'étrange. Le Web a l'air un peu enfumé, et quand j'arrive à cet endroit, je ne peux pas m'en sortir tant qu'on ne me donne pas un peu d'argent.

Ici, la dame a sorti son sac à main et a donné au vieil homme une pièce d'un demi-dollar qui a fait scintiller son œil unique.

Il reprit : « Ah ! maintenant le brouillard s'est dissipé, et je vois que M. Scott est assis dans une ambiance rock, les pieds sur la table, et qu'il fume un tabac.

"Pensez-vous que M. Scott m'aime?" demanda la dame.

« Ô ! oui, » répondit Dinkie ; "Il Jess met tout son cœur sur toi. En effet, Miss Marfa, il est presque en train de mourir à cause de vous.

«Il ne m'a jamais dit qu'il m'aimait», a fait remarquer la dame.

« Mais là, tu vois, il est arriéré, il n'a pas encore les yeux coupés en matière d'amour. Mais il sera un peu plus audacieux dès qu'il vous verra, répondit le nègre.

"Pensez-vous qu'il me demandera un jour de l'épouser?"

« Ô ! oui, Miss Marfa, il est sûr de le faire. Alors qu'il met Dar Dare dans sa joie rock, il a l'air très solem-colly – on dirait qu'il voulait vous tuer pour l'avoir maintenant.

"Pensez-vous que M. Scott aime les autres femmes, oncle Dinkie ?" » demanda Miss Lemmy.

"Eh bien, Miss Marfa, je vais consulter le Web et voir." Et ici le prestidigitateur ferma son œil unique, l'ouvrit, le referma, se parla à voix basse, ouvrit l'œil, regarda la main de la dame et s'écria : « Ah ! Mademoiselle Marfa, je vois une dame dans ce chemin, et elle est riche ; mais la toile est enfumée, et il lui faut un peu d'argent pour la clarifier.

Les larmes aux yeux et presque essoufflée, Miss Lemmy sortit précipitamment de sa poche son sac à main et tendit au vieil homme une autre pièce d'argent en disant : « S'il vous plaît, continuez.

Dinkie sourit, secoua la tête, se leva et ferma la porte de sa cabine, s'assit et prit de nouveau la main de la dame dans la sienne.

« Oui, je vois, dit-il, je vois que c'est une dame ; mais que votre âme soit bénie, Miss Marfa, c'est une image de vous que M. Scott regarde ; c'est tout.

Cette nouvelle lui procura un grand soulagement, et Miss Lemmy s'essuya les yeux de joie.

Dinkie a ensuite décroché le vieux fer à cheval rouillé qui se trouvait au-dessus de la porte de sa cabine, l'a levé et a déclaré : « Ce fer à cheval neffer ment. » Là, il sortit de sa poche un sac fait de peau de serpent à sonnettes, en sortit du goopher et en aspergea le fer à cheval en disant : « C'est de l'étoffe, Miss Marfa, c'est du vin pour faire de vous le conquérant de M. Scott. . Tant que vous continuez à parler de vous, il ne peut pas vous échapper ; Il te tuera pour un baiser, de Berry, la prochaine fois qu'il te verra, et il ne pourra pas s'empêcher de s'énerver en le faisant. Aucune femme ne peut le faire vous engueuler tant que vous continuez à parler de vous.

TRAVAILLER DES ESCLAVES AVEC DES CHIENS.—.

Ici, Dinkie a allumé une bougie de suif, l'a regardée, a souri, a secoué la tête : « Vous allez épouser M. Scott dans environ un an, et vous avez treize enfants – des garçons sebben et six filles, et » tu vas avoir un tas de richesses.

À ce moment-là, les révélations intéressantes de Dinkie furent interrompues par Ike et Cato emmenant Peter, qui, disait-on, avait été tué par le vieux mouton à cloche.

Il semble que Peter avait une façon de jouer avec le vieux bélier, qui était toujours prêt à s'en prendre à quiconque se mettait en travers de son chemin. En voyant le bélier arriver, Pierre se mettait à quatre pattes et prétendait qu'il allait s'affronter avec les moutons. Et quand ce dernier s'approchait de plein fouet, Pierre esquivait la tête pour rater le bélier, et ce dernier sautait par-dessus le garçon, se retournait avec colère, secouait la tête et se dirigeait vers un autre coup de poing vers Pierre.

Ce genre de pièce se répétait parfois pendant une heure ou plus, au grand amusement des Blancs et des Noirs. Mais, à cette occasion, Peter était complètement rattrapé. Alors qu'il était à quatre pattes, le bélier commença sa course habituelle pour le garçon ; ce dernier, en esquivant sa tête, passa sa face contre un gros bout de tige de seigle sèche, ce qui lui fit relever vivement la tête, juste à temps pour que le mouton lui donne un beau derrière en plein front, ce qui frappa Pierre. insensé. Le bélier, ravi de sa victoire, commença à reculer pour une nouvelle fois à Peter, lorsque les hommes, voyant ce qui était arrivé au pauvre garçon, le prirent et l'amenèrent à la cabane de Dinkie pour être réanimé, ou « amené à ». comme ils l'appelaient.

Près d'une heure s'est écoulée à frotter le garçon, avant qu'il ne commence à montrer des signes de conscience. Il « est revenu à lui », mais il n'a plus jamais accepté de s'affronter avec le bélier.

CHAPITRE VIII.

LA CRUAUTÉ envers les nègres n'était pas pratiquée dans notre section. Il est vrai qu'il y avait des cas exceptionnels, et certains individus ne prenaient pas toujours soin de leurs domestiques, que l'économie semblait l'exiger. Pourtant, un certain degré de punition était en réalité nécessaire pour assurer le respect du maître et un bon gouvernement pour la population esclave. Si un serviteur désobéissait aux ordres, il fallait qu'il soit fouetté, pour dissuader les autres de suivre le mauvais exemple. Si un serviteur s'enfuyait, il fallait le rattraper et le ramener, pour que les autres voient que le même sort les attendait s'ils faisaient des tentatives similaires.

Même si la détention de chiens de sang pour chasser et attraper les nègres n'était pas courante, quelques-uns étaient néanmoins gardés par M. Tabor, un homme blanc inférieur, près des Corners, qui les louait ou chassait les fuyards, facturant tellement par prix. jour, ou une somme ronde pour la *capture* .

Jérôme, un esclave appartenant au révérend M. Wilson, alors qu'il était sur le point d'être puni par son maître, s'est enfui. Tabor et ses chiens furent réclamés. Le chasseur d'esclaves arriva et mit aussitôt ses chiens sur la piste. Le pasteur et quelques voisins étaient présents pour profiter de la fête qui les attendait.

LE CHIEN DE CATCH DE TABOR, « GROWLER ».

Ces chiens attaqueront un nègre, à la demande de leur maître, et s'accrocheront à lui comme un bouledogue s'accrochera à une bête. Nombreuses sont les spéculations quant à savoir si le nègre sera sauvé vivant ou mort lorsque ces chiens se mettront sur sa piste. Cependant, à cette occasion, il n'y avait pas beaucoup de danger de mauvais traitements, car M. Wilson était un ecclésiastique, et d'un caractère humain, et il négocia avec Tabor de ne pas blesser l'esclave s'il pouvait l'aider.

Les chasseurs étaient dans le bois depuis peu de temps, lorsqu'ils tombèrent sur la trace de deux esclaves, dont Jérôme. Les nègres se dirigèrent immédiatement vers le marais, dans l'espoir que les chiens, une fois flairés , ne pourraient pas les suivre dans l'eau. De plus en plus près, la meute gémissante se pressait ; leur illusion commença à se dissiper.

Tout à coup, la vérité apparut comme un éclat de lumière dans l'esprit des fugitifs : c'était Thabor avec ses chiens ! Ils atteignirent enfin la rivière, et se jetèrent dans les nègres, suivis du chien de chasse. Jérôme fut enfin rattrapé, et de nouveau entre les mains de son maître ; tandis que l'autre homme trouva une tombe aqueuse. Ils revinrent et le prédicateur envoya son esclave à la prison de la ville pour le mettre en sécurité.

Tandis que les planteurs emploieraient Thabor, sans hésitation, pour traquer leurs nègres, ils ne le recevraient pas chez eux en visiteur plus tôt qu'ils ne le recevraient comme un de leurs propres esclaves. Tabor était cependant considéré comme l'une des meilleures classes de Blancs pauvres, dont un certain nombre avaient une société religieuse dans ce quartier. Le pasteur des pauvres Blancs était le révérend Martin Louder, un génie à sa manière. Le sermon suivant, prêché par lui, à l'époque duquel j'écris, illustrera bien le caractère du peuple pour lequel il a travaillé.

Plus de deux longues et fatigantes heures s'étaient écoulées depuis la convocation de l'audience, et les gens commençaient à montrer de légers signes de fatigue. Quelques grattages et grincements de bottes en peau de vache sur le sol, un bâillement audible ou deux, quelques torsions et rotations sur les sièges étroits et inconfortables, tandis que, dans un ou deux cas, une ou deux âmes somnolentes ronflaient carrément. Ces signes palpables n'ont pas échappé à notre vieil ami Louder. Il jeta un œil (avec insistance, un œil) sur l'assemblée, puis… il parla :

« Ma chère sœur et sœur bien-aimée ! Vous êtes resté longtemps assis sur vos sièges. Tu es fatigué, je sais, et je ne pense pas que tu veuilles entendre le vieux papa prêcher. Si vous ne voulez pas entendre le vieil homme, faites-lui simplement le moindre signe. Toux. Levez la main. Rien, et Louder va s'asseoir. Il va sécher en une minute.

À ce stade des choses, Louder s'arrêta pour répondre. Il jeta un coup d'œil furtif sur le public, à la recherche de l'individu qui pourrait être « fatigué de s'asseoir sur son siège », mais aucun signe ne fut émis : aucun mécontentement de ce type n'apparut dans le champ visuel.

"Allez, frère Louder!" » dit une voix sonore dans le coin « amen » de la maison. Ainsi encouragé, l'orateur poursuivit ses remarques :

« Eh bien, respirez, sentez que vous le dites, Louder s'en apercevra ; mais il n'a pas l'intention de prêcher un sermon régulier, car il est très tard, et notre secte qui a frappé ne croit pas à l'importance de manger des viandes froides le jour du Seigneur. Mon souffle, si le vieux Louder git sort de la piste de rite, je veux que tu le rappelles. Il ne veut vous apprendre aucune erreur. Il ne veut prêcher rien d'autre que ce qui se trouve entre les lignes de ce Livre béni.»

« Mon cher frère, l'Éternel a suscité son serviteur Moïse pour qu'il fasse sortir son peuple d'Israël de ce pays méchant – ah. Alors Moïse, il quitta la face du Seigneur, et partit d'ici vers les cours du vieux roi tyrannique - ah ! Et qu'est-ce qui te dit, Moïse ? Ah, dites-lui, Moïse, dites-lui à ce méchant vieux Faro : Ainsi, dites à l'Éternel, le Dieu des armées, dites-lui : Laisse partir mon Isrel, ah. Et qu'est-ce que dit le vieux roi au cœur dur... ah ? Ah ! dit Faro, dit-il, qui est le Seigneur Dieu des armées, dit-il, pour que j'obéisse à sa voix, ah ? Et maintenant, qu'est-ce qui te dit, Moïse... ah. Ah, Moïse dit, dit-il : Ainsi dit l'Éternel, le Dieu d'Israël : Laisse aller mon peuple, afin qu'il m'adore, dit l'Éternel, dans le désert – ah. Mais... ah ! ma respiration bien-aimée et mes amis endurcis et impénitents – ah, le vieux roi au cœur dur a-t-il écouté les paroles de Moïse et a-t-il laissé partir mon peuple – ah ? Pas le temps.

Cette dernière remarque, faite sur un ton de conversation ordinaire, fut si soudaine et inattendue que le changement, la transition de l'état de chant fut électrique.

« Et alors, ma bien-aimée respiration et sœur, et ensuite... ah ? Qu'est-ce qui te séduit, Moïse, auprès de Faro, ce vieux roi contraire, ah ? Ah, Moïse dit à Faro, dit-il, Moïse dit, dit-il : Ainsi parle l'Éternel, le Dieu d'Israël : Laisse aller mon peuple, demande à l'Éternel, de peur que je vienne, dit-il, et que je ne te frappe d'un juron, ah ! Et qu'est-ce que dit Faro, le vieux roi tyrannique - ah ? Ah, dit-il, dit-il, que leurs tâches soient doublées, et de peur qu'ils ne se plaignent, dit-il, ces briques seront faites sans paille — ah ! [Vox naturale.] Ils leur ont fait arracher l'herbe et le chaume des champs, en respirant, pour les mélanger à leur boue. Mity est dur avec les créatures à pores ; n'est-ce pas, frère Flood Gate ? [L'individu ainsi interrogé a répondu: «Jess oui;» et « ole Louder » a continué.]

« Et ensuite... ah ? Le vieux roi a-t-il laissé partir mon peuple Isrel... ah ? Non, mon cher frère, il a tendu la main de son pizen, et il les a tenus en toute simplicité... ah. Alors le Seigneur fut en colère contre ce méchant vieux roi — ah. Et l'Éternel, il s'adressa à Moïse, dit-il : Moïse, étends maintenant ton bâton sur les rivières et les étangs de ce mauvais pays — ah ! et voici, quand tu étendras ton bâton, tu verras l'Éternel, toutes les eaux seront transformées en sang — ah ! Alors Moïse, il a rentré son bâton, et il a fait ce que le Seigneur Dieu d'Isrel avait ordonné à son serviteur Moïse de faire - ah. Et alors, dites-vous, mon souffle... ah ? Eh bien, et voilà ! les rivières de ce pays méchant étaient toutes transformées en sang – ah ! et tous les poissons et toutes les grenouilles des ruisseaux et des eaux sont morts a-h !

"Oui!" » dit l'orateur en baissant la voix à un ton naturel et en regardant par la fenêtre ouverte la route sèche et poussiéreuse, car nous souffrions à ce moment-là d'une sécheresse prolongée : « Et je crois que les grenouilles vont toutes mourir maintenant, à moins que nous ayons bientôt de la pluie. Qu'en pensez-vous, frère Waters ? [Cet interrogatoire était adressé à un vieil homme beau et corpulent de la congrégation. Frère W. hocha la tête et le vieux Louder reprit le fil de son discours.] « Ah, mon frère bien-aimé, ce fut une période difficile pour le vieux Faro et sa méchante foule – ah. Car l'eau était répugnante pour les gens, et elle sentait si mauvais qu'aucun d'eux n'avait envie de la boire ; et ensuite, ah ? Le vieux roi a-t-il obéi à la voix du Seigneur et a-t-il laissé partir mon peuple Isrel ? Ah, non, mon souffle, pas de loin, ah. Car il s'est opposé au Seigneur et n'a pas obéi à sa voix – ah. Alors le Seigneur envoya une bande de grenouilles-taureaux dans ce pays méchant – ah. Et ils sont allés sauter partout dans le pays, dans les vittles et partout ailleurs - ah. Mon souffle, le vieux Louder pense que c'était un moment sans-prit... ah. Mais tout ce qui est en bois ne le fait pas... ah. Ole Faro était aussi têtu qu'une des mules de Louder – ah, et il ne laissait pas la graine choisie sortir du pays de la servitude – ah. Alors le Seigneur envoya une puissante grêle, et, après cela, ses locus dévorants — ah ! Et ils ont blâmé presque tout sur le visage de l'eth-ah.

TOUR. M. WILSON ET SON ESCLAVE CAPTURÉ.—.

« Que les coeurs d'autrefois ne soient pas troublés, car la vérité est mitay et doit prévaloir – ah. Frère Creek, vous n'avez pas l'air de faire grand-chose, supposons que vous montiez la voix ! »

Cette remarque s'adressait à un vieil homme grand, élancé, à la mâchoire creuse, de la congrégation, avec une grande touffe de cheveux « gris grisonnants ».

"Attends un peu, frère Louder, jusqu'à ce que je mette mes lunettes!" fut la réponse de frère Creek, qui sortit de sa poche une boîte en fer blanc oblongue, qui s'ouvrit et se ferma avec un claquement formidable, d'où il tira une paire de lunettes à monture de fer. Il les « épousseta » soigneusement avec son mouchoir, puis se tourna vers l'hymne que le prédicateur avait choisi et lu à l'assemblée. Après de longues délibérations, quelques raclements de gorge, des colportages, des crachats, etc., et d'autres préliminaires, frère Creek, d'une voix chevrotante et divisée, ouvrit la mélodie.

Louder semblait inquiet. Il était évident qu'il craignait un échec de la part du digne frère. A la fin de la première ligne, il s'écria :

"'Ça me semble, frère Creek, tu n'as pas la bonne mitre."

Frère Creek suspendit ses opérations un moment et répondit : « Je suis pur et pur, en général, Frère Louder, et je suis sûr qu'elle s'en sortira bien !

"Eh bien," dit Louder, "nous allons l'essayer à nouveau", et le chant choral, sous la direction de Brother Creek, fut repris dans les mots suivants :

«Quand j'étais en deuil comme toi,
lavé dans le sang de l'agneau,
je jeûnais et priais jusqu'à ce que j'en ai fini,
lavé dans le sang de l'agneau.

REFRAIN. — « Viens, pécheur, et viens avec nous ;
Si vous ne le faites pas, vous serez injurié.

« La religion est comme une rose épanouie,
lavée dans le sang de l'agneau,
comme nul autre que ceux qui la sentent le savent,
lavée dans le sang de l'agneau. » – *Cho.*

Les chants, auxquels se sont joints tous ceux qui étaient présents, ont porté l'enthousiasme de l'assemblée à blanc, et les cris, avec les grands « Amen », « Que Dieu sauve le pécheur », « Chante-le, frère, chante-le », ont fait que le bague Welkin.

CHAPITRE IX.

MÊME SI « l'institution particulière » était un grand préjudice tant pour le maître que pour les esclaves, il y avait pourtant une part de vérité dans l'adage souvent répété selon lequel l'esclave « était heureux ». C'était en effet une sorte de bonheur bas, n'existant que là où les maîtres étaient disposés à traiter leurs serviteurs avec bonté, et où prévalait la proverbiale légèreté de ces derniers. L'histoire montre que de toutes les races, l'Africain était le mieux adapté pour être « des coupeurs de bois et des porteurs d'eau ».

Sympathique dans sa nature, irréfléchi dans ses sentiments, grand à la fois en matière d'alimentation et d'amativité, le nègre est mieux adapté à suivre qu'à diriger. Ses besoins étant faciles à pourvoir, généreux à l'excès, doté d'un grand fonds d'humour, débordant de musique, il a toujours été trouvé comme le meilleur et le plus accommodant des serviteurs. L'esclave se débarrassait souvent de la punition par son esprit ; et même lorsqu'il est fouetté, le cœur du maître a été ému de pitié par les appels humoristiques de sa victime. Les domestiques des villes et des villages, et même des plantations, étaient considérés comme des classes privilégiées. Néanmoins, les ouvriers sur le terrain n'ont pas été sans moments heureux.

Une fois par an, une cérémonie d'écaillage du maïs à l'ancienne avait lieu à la « Poplar Farm », ce qui offrait un divertissement agréable aux nègres du plein air à des kilomètres à la ronde. A ces occasions, les domestiques, dans toutes les plantations, étaient autorisés à se rendre sur simple invitation des noirs là où le maïs devait être décortiqué.

Au fur et à mesure que le grain arrivait du champ, il était laissé en tas près des cribles à maïs. La nuit fixée et les invitations envoyées, les esclaves des plantations situées à cinq ou six milles se rassemblaient et se rejoignaient sur la route, et marchaient en grands groupes, chantant leurs chants mélodieux des plantations.

Entendre trois ou quatre de ces bandes venant de directions différentes, leurs chefs prononcer les paroles, et toute la troupe se joindre au chœur, surpasserait en effet tout ce que les « Ministrels de Haverly » avaient jamais produit, et nombre de leurs plaisanteries et bons mots n'étaient jamais connus. égalé par Sam Lucas ou Billy Kersands.

Un souper était toujours fourni par le planteur sur la ferme duquel devait avoir lieu l'écaillage. Souvent, en approchant du lieu, les chanteurs spéculaient sur ce qu'ils allaient manger pour le dîner. La chanson suivante était fréquemment chantée :

« Toutes ces filles puty seront dar,
Shuck dat maïs avant de manger.

Ils vont le réparer pour nous, saignant,
Shuck dat maïs avant de manger.
Je sais que le souper sera copieux,
éjectez ce maïs avant de manger.
Je pense que je sens un bon cochon rôti,
décortiquez ce maïs avant de manger.
Un souper est prévu, alors ils ont dit : «
Écaillez ce maïs avant de manger.
J'espère qu'ils auront du bon pain de blé,
décortiquez ce maïs avant de manger.
J'espère qu'ils prendront un peu de café,
Shuck dat corn avant de manger.
 J'espère qu'ils prendront du whisky,
Shuck dat corn avant de manger.
Je pense que je vais remplir mes poches,
Shuck dat maïs avant de manger.
Farcissez ce coon et faites-le cuire au four,
décortiquez ce maïs avant de manger.
Je vois quelques nègres de la ville,
éjectez ce maïs avant de manger.
S'il vous plaît, faites cuire cette dinde bien dorée.
Écassez ce maïs avant de manger.
À côté de cette dinde, je serai trouvé.
Écaillez ce maïs avant de manger.
Je sens le souper, c'est ce que je fais,
décortiquez ce maïs avant de manger.
Sur la table, il y aura un ragoût,
du maïs Shuck dat, etc.

Des nœuds de pin brûlants, tenus par certains garçons, fournissaient généralement de la lumière pour l'occasion. Deux heures suffisent généralement pour terminer un grand décorticage ; où cinq cents boisseaux de maïs sont jetés dans les berceaux à mesure que la balle est enlevée. Le travail est rendu relativement léger par le chant, qui ne cesse jusqu'à ce qu'ils se mettent à table. Quelque chose comme ceci est chanté pendant la soirée :

« La viande d'opossum est bonne à manger,
découpez-la dans votre cœur ;
Vous le trouverez toujours bon et doux,
Taillez-le à cœur ;
Mon chien a aboyé, et je suis allé voir,
sculptez-le jusqu'au cœur ;
Et Dar était un opossum sur cet arbre,

sculpte-le jusqu'au cœur.

REFRAIN. — « Sculptez cet opossum, sculptez cet opossum, les enfants,
sculptez cet opossum, sculptez-le jusqu'au cœur ;
Oh, sculpte cet opossum, sculpte cet opossum, les enfants,
sculpte cet opossum, sculpte-le jusqu'au cœur.

«J'ai tendu la main pour l'attirer,
le sculpter jusqu'au cœur;
De possum, il commença à sourire,
sculpte-le jusqu'au cœur ;
Je l'ai ramené à la maison et je l'ai habillé,
je l'ai sculpté dans mon cœur ;
Je l'ai pendu cette nuit-là dans le gel,
je l'ai gravé dans mon cœur.

REFRAIN. —« Sculptez cet opossum, etc.

« La façon de cuisiner le son de l'opossum,
découpez-le jusqu'au cœur ;
Il faut le par-bile, puis le faire cuire brun,
le tailler jusqu'au cœur ;
Disposez les patates douces dans la poêle,
Découpez-les jusqu'au cœur ;
Le repas le plus doux du pays,
gravez-le dans votre cœur.

REFRAIN. —« Sculptez cet opossum, etc. »

Si un mauvais souper était servi, dans une pareille occasion, vous entendriez
des remarques de toutes les parties de la table :

"Éloignez ce cochon rose de cette table."

« Quel cochon rose ? tu vois un cochon rose ici ?

"Hahaha! Ce n'est pas l'endroit idéal pour voir Rose Pig.

"Passez un peu de dinde avec une sauce aux palourdes."

« Ne parlez pas de cette dinde ; il était parti avant notre arrivée.

"C'est la dernière fois que je jette du maïs à cette ferme."

"C'est une ferme bon marché, un propriétaire bon marché et un dîner bon
marché."

"Il en parle, n'est-ce pas ?"

« C'est la viande la plus touffue que je sois appelé à manger plusieurs jours ; il faut avoir des dents aiguisées comme une scie pour manger cette viande.

"Je suppose que tu n'as pas de quoi faire, alors qu'est-ce que tu veux faire ?"

"Eh bien, si tu n'as pas de thé, tu dois *le gommer* !"

"Hahaha!" de toute l'entreprise, a été entendu.

En quittant la ferme d'écaillage du maïs, chaque bande d'hommes, dirigée par son chef, chantait pendant tout le voyage de retour. Quelques-uns, cependant, ayant leurs chiens avec eux, se mettaient sur la piste d'un raton laveur, d'un opossum ou de quelque autre gibier, ce qui pouvait les empêcher d'entrer jusqu'au petit matin.

Les esclaves devaient beaucoup aux vacances de Noël pour les loisirs d'hiver ; car depuis longtemps la coutume leur avait donné toute la semaine depuis le jour de Noël jusqu'au début de la nouvelle année.

À « Poplar Farm », les mains ont tiré leur part de vêtements le jour de Noël de l'année. Les vêtements pour hommes et femmes étaient confectionnés par les femmes réservées à la couture générale et aux travaux ménagers. Un pantalon et deux chemises constituaient la totalité du stock pour un ouvrier de terrain masculin.

Les vêtements des femmes étaient fabriqués à partir des mêmes produits que ceux des hommes. Beaucoup d'hommes travaillaient la nuit pour eux-mêmes, fabriquant des attelles et des balais en maïs, des paniers, des nattes et des manches de hache, qu'ils vendaient en ville pendant la semaine de Noël. Chaque esclave était muni d'un laissez-passer, à peu près comme celui-ci :

" *S'il vous plaît, laissez mon garçon, Jim, passer n'importe où dans ce comté, jusqu'au 1er janvier 1834, et obligez-le.*

Respectueusement ,
« JOHN GAINES , MD
« « *Poplar Farm* », *comté de St. Louis, Missouri .* »

Avec le précieux document ci-dessus dans sa poche, un chargement de paniers, de balais, de nattes et de manches de haches sur le dos, un sac pendant sur ses épaules, avec une cruche à chaque extrémité, l'une pour le whisky et l'autre pour le whisky. la mélasse, — les esclaves se rendaient la nuit en ville en chantant, —

« Hourra, pour de bon,
il m'a donné le pass pour aller en ville.
Hourra, pour ma bonne vieille mademoiselle,

elle bile de pot, et donne-moi de lécher.
Hourra, je vais en ville.

«Quand le soleil se lèvera le matin,
Jes' au-dessus du yaller maïs,
Vous constaterez que ce nègre a pris garde,
Et est parti quand le chauffeur klaxonne.

«Hurra, pour de bon,
il m'a donné le laissez-passer pour aller en ville.
Bravo pour ma bonne vieille miss,
elle bile de pot, et donne-moi le lécheur.
Hourra, je vais en ville.

Les méthodistes et les baptistes, confessions religieuses auxquelles appartiennent généralement les Noirs, ne manquent jamais d'être au milieu d'une réunion de réveil pendant les vacances, et la plupart des esclaves du pays se précipitent à ces rassemblements. Certains cependant passent leur temps aux danses, aux tirages au sort, aux combats de coqs, aux courses à pied et à d'autres divertissements qui se présentent.

CHAPITRE X.

UNE JEUNE et belle dame, étroitement voilée et vêtue de noir, arriva un matin à « Poplar Farm » et fut immédiatement conduite dans une chambre de l'aile est, où elle resta, accompagnée uniquement de la vieille Nancy. L'appartenance de cette dame à la classe supérieure ressortait clairement de sa tenue vestimentaire, de ses manières raffinées et du secret inviolable de son séjour dans la résidence du Dr Gaines. Finalement, la dame donna naissance à un enfant, qui fut confié aux soins d'Isabella, une servante de quadroon, qui avait récemment perdu son propre bébé.

La dame a quitté les lieux aussi mystérieusement qu'elle était venue, et on n'a plus jamais rien vu ni entendu parler d'elle, certainement pas de la part des nègres. L'enfant, qui était évidemment de pur sang anglo-saxon, s'appelait Lola et grandit parmi les enfants noirs du lieu, pour devenir une jolie et brillante fille à laquelle sa mère adoptive semblait très attachée. Au moment où j'écris, Lola avait huit ans et sa présence dans la plantation commençait à ennuyer les membres blancs de la famille du Dr Gaines, surtout lorsque des étrangers visitaient les lieux.

L'apparition de M. Walker, le célèbre spéculateur d'esclaves, sur la plantation, et dont on disait qu'il avait été envoyé chercher, ne créa pas peu d'excitation parmi les esclaves ; et grande fut la surprise des noirs, lorsqu'ils virent le commerçant emmener Isabelle et Lola avec lui au départ. Incapable de vendre la petite fille blanche à aucun prix, M. Walker la donna à M. George Savage, qui, n'ayant pas d'enfants, l'adopta.

Isabella a été vendue à un gentleman qui l'a emmenée à Washington. Le chagrin du quadroon d'être séparé de son enfant adoptif fut intense et irrita grandement son nouveau maître, qui résolut de la vendre à son arrivée chez lui. Isabelle a été vendue au marchand d'esclaves Jennings, qui a placé la femme dans l'un des enclos d'esclaves privés, ou prisons, dont un certain nombre ont ensuite déshonoré la capitale nationale.

Jennings avait l'intention d'envoyer Isabella au marché de la Nouvelle-Orléans, dès qu'il en aurait acheté un nombre suffisant. Au crépuscule de la soirée, avant le jour où elle devait être expulsée, alors que la vieille prison était fermée pour la nuit, Isabelle se précipita devant le gardien et courut pour sauver sa vie. Il n'y avait pas une grande distance entre la prison et le long pont qui relie la partie basse de la ville, à travers le Potomac, jusqu'aux vastes forêts et terres boisées des célèbres Arlington Heights, alors occupées par ce parent distingué et descendant de l'immortel Washington. , M. Géo. W. Custis. C'est là que la pauvre fugitive dirigea sa fuite. Son évasion était si inattendue qu'elle avait gagné plusieurs cannes au départ avant que le gardien n'ait sécurisé les autres prisonniers et n'ait rallié ses assistants pour l'aider dans la poursuite. C'était à une heure et dans une partie de la ville où il était difficile de se procurer des chevaux pour la chasse ; aucun limier n'était disponible pour écraser la femme volante, et pour une fois, il semblait qu'il devait y avoir une épreuve équitable de vitesse et d'endurance entre l'esclave et les esclaves e-catchers.

Le gardien et ses forces ont élevé le tollé sur son chemin alors qu'ils le suivaient de près ; mais la fuite fut si rapide le long de la large avenue, que les citoyens étonnés, tandis qu'ils sortaient de leurs habitations pour connaître la cause de l'alarme, ne purent comprendre la nature de l'affaire qu'à temps pour se mêler à la foule hétéroclite. ou élevèrent une prière anxieuse au ciel, alors qu'ils refusaient de se joindre à la poursuite (comme beaucoup l'ont fait cette nuit-là), afin que le fugitif haletant puisse s'échapper et que le marchand d'âmes impitoyable soit pour une fois déçu de sa proie. Et maintenant, à la vitesse d'une flèche, après avoir franchi l'avenue, la distance entre elle et ses poursuivants ne cessant de croître, cette pauvre femelle traquée gagna le « Pont Long », comme on l'appelle, où une interruption semblait improbable. Déjà, son cœur commençait à battre fort avec l'espoir du succès. Il lui suffisait de parcourir trois quarts de mille sur le pont pour s'enfoncer dans une vaste forêt, juste au moment où le rideau de la nuit se refermerait autour d'elle et la protégerait de la poursuite de ses ennemis.

Mais Dieu, par sa providence, en avait décidé autrement. Il avait ordonné qu'une tragédie épouvantable se déroulerait cette nuit-là, à la vue de la maison du président et du Capitole de l'Union, ce qui serait une preuve, partout où elle serait connue, de l'amour invincible de la liberté que le cœur humain peut avoir. hériter, ainsi qu'un nouvel avertissement au marchand d'esclaves sur la cruauté et l'énormité de ses crimes.

Juste au moment où les poursuivants dépassaient le haut tirage, peu après être entrés sur le pont, ils aperçurent trois hommes s'approchant lentement du côté de Virginie. Ils les appelèrent aussitôt pour arrêter la fugitive, la proclamant esclave en fuite. Fidèles à leur instinct de Virginie, alors qu'elle s'approchait, ils formèrent une ligne sur le pont étroit pour l'intercepter. Voyant que la fuite était impossible de ce côté, elle s'arrêta brusquement et se tourna vers ses poursuivants.

La bande profane et grivois arriva, plus rapide que jamais, exultant déjà de sa capture et menaçant de la punir pour sa fuite. Pendant un instant, elle regarda autour d'elle avec inquiétude et folie pour voir s'il n'y avait aucun espoir de s'échapper d'un côté ou de l'autre ; loin en bas, roulaient les eaux profondes et écumantes du Potomac, et devant et derrière se trouvaient les pas qui s'approchaient rapidement et les voix bruyantes de ses poursuivants.

Voyant à quel point tout effort supplémentaire pour s'échapper serait vain, sa résolution fut immédiatement prise. Elle joignit convulsivement les mains, leva vers le ciel ses yeux larmoyants et implorants, et y implora la miséricorde et la compassion qui lui étaient injustement refusées sur terre ; puis, d'un seul bond, il sauta par-dessus la balustrade du pont et s'enfonça pour toujours sous les eaux irritées et écumantes du fleuve.

Entre-temps, M. et Mme Savage s'intéressaient de plus en plus à l'enfant, Lola, qu'ils avaient adoptée, et qui devenait rapidement une belle et intellectuelle fille, dont les yeux noisette brillants et étincelants, les dents blanches comme neige et son teint d'albâtre la faisait admirer de tous. Avec le temps, Lola est devenue très instruite et a été dûment introduite dans la meilleure société.

Le choléra de 1832, dans ses ravages, a emporté bon nombre des citoyens les plus précieux de Saint-Louis, et parmi eux, M. George Savage. Mme Savage, alors en mauvaise santé, considérait Lola avec une sollicitude encore plus grande que du vivant de son défunt mari. Lola avait été largement pourvu par M. Savage, dans son testament. Elle était courtisée par M. Martin Phelps, avant la mort de son père adoptif, et la santé défaillante de Mme Savage hâta les noces.

Le mariage de M. Phelps et de Miss Savage était plus une affaire privée que publique, en raison du décès récent de M. Savage. La résidence de M. Phelps se trouvait à la périphérie de la ville, à proximité de ce qu'on appelait le « Monticule », et constituait un endroit charmant. La dame avait apporté des biens considérables à son mari.

Un matin du mois de décembre, et seulement environ trois mois après le mariage des Phelps, deux hommes descendirent d'une voiture, à la porte de M. Phelps, sonnèrent et furent admis par le domestique. M. Phelps sortit précipitamment de la table du déjeuner, lorsque le domestique l'informa de la présence des étrangers.

En entrant dans le salon, l'hôte reconnut l'un des hommes comme étant l'officier Mull, tandis que l'autre s'annonça comme étant James Walker et dit :

« Je suis venu, M. Phelps, pour une mission plutôt désagréable. Vous avez un esclave dans votre maison qui m'appartient.

« Je pense que vous vous trompez, monsieur, » répondit M. Phelps ; « Mes serviteurs sont tous embauchés auprès du major Ben. O'Fallon.

Walker afficha un sourire sinistre et poursuivit doucement : « Je vois, monsieur, que vous ne me comprenez pas. Il y a dix ans, j'ai acheté une enfant esclave au Dr Gaines et je l'ai prêtée à M. George Savage, et je comprends qu'elle est à votre service, et je suis venu la chercher, " et ici le spéculateur d'esclaves a sorti de sa poche latérale. un grand carnet en peau de mouton, et sortit l'acte de vente identique de Lola, qui lui avait été remis par le Dr Gaines lors de la vente d'Isabella et de l'enfant.

" Bonté divine!" s'exclama M. Phelps, "ce papier, s'il veut dire quelque chose, c'est ma femme."

"Je ne peux pas m'empêcher de comprendre ce que cela signifie", a fait remarquer Walker ; "Voici l'acte de vente, et voici l'officier qui va me chercher mon nègre."

« Il doit y avoir une erreur ici. Il est vrai que ma femme était la fille adoptive de feu M. George Savage, mais il n'y a pas une goutte de sang nègre dans ses veines ; et je doute, monsieur, que vous l'ayez jamais vue.

"Eh bien, monsieur", a déclaré Walker, "amenez-la simplement dans la pièce, et je suppose qu'elle me connaîtra."

Convaincu que l'acte de vente ne faisait aucune référence à sa femme, M. Phelps sonna et dit au garçon qui y répondait de demander à sa maîtresse d'entrer. Un instant ou deux plus tard, la dame entra dans la pièce.

« Mon cher, dit M. Phelps, connaissez-vous l'un ou l'autre de ces messieurs ? »

La dame a regardé, a hésité et a répondu : « Je ne pense pas. »

Alors Walker se leva, se dirigea vers la fenêtre, où il pouvait être mieux vu, et dit : « Eh bien, Lola, tu m'as oublié, cela ne fait qu'environ dix ans que je t'ai amené de « Poplar Farm » et que je t'ai prêté à M. Sauvage. Hahaha!"

Ce rire grossier du grossier nègre nègre n'avait pas cessé, lorsque Lola poussa un cri déchirant et tomba évanouie sur le sol.

"Je pensais qu'elle me connaîtrait quand je lui rafraîchirais la mémoire", a déclaré Walker en se rasseyant.

M. Phelps sauta sur sa femme, la souleva du sol et la plaça sur le canapé.

« Jetez-lui un peu de bière d'Adam à la figure, et cela la ramènera. Je les ai déjà vus s'évanouir ; mais ils reviennent à eux, dit le commerçant.

SAUT DE L'ESCLAVE FUGITIF.

"Je vous remercie, monsieur, mais je vais m'occuper de mes propres affaires", a déclaré M. Phelps d'un ton plutôt irritable.

«Oui», répondit Walker; "mais elle est à moi, et je veux qu'elle revienne à elle."

Dès qu'elle s'est réveillée, M. Phelps a fait sortir sa femme de la pièce. Une conférence d'une heure eut lieu au retour de M. Phelps au salon, et se termina en étant entendu qu'un examen juridique des papiers réglerait toute la question le lendemain.

À l'heure convenue, le lendemain matin, l'un des avocats les plus compétents de la ville, le colonel Strawther, déclara l'acte de vente authentique, car il avait été rédigé par le juge McGuyer et assisté par George Kennelly et Wilson P. Hunt. .

Pour cette affirmation, Walker a exprimé sa volonté de vendre la femme pour deux mille dollars. Le paiement de l'argent aurait été une mince affaire s'il n'avait pas été accompagné de la preuve que Lola était esclave, preuve indéniable qu'elle avait du sang noir dans les veines.

Pourtant, tel fut le résultat, car le Dr Gaines était mort depuis trois ans, et quelle que soit la mère de Lola, même si elle était vivante, elle ne se manifesterait pas pour revendiquer la libre naissance de son enfant.

M. Phelps était un homme d'une grande sensibilité et était affectueusement attaché à sa femme. Cependant, c'était une grave question à résoudre dans son esprit, si son honneur de gentleman du Sud et sa position dans la société lui permettraient de reconnaître pour épouse une femme dans les veines de laquelle coulait le sang maudit de l'esclave nègre.

La lutte entre l'amour et le devoir fut longue, mais la honte du regard public et l'ostracisme de la société décidèrent en faveur du devoir, et la jeune et charmante épouse fut informée par son mari qu'ils devaient se séparer pour ne plus jamais se revoir. Les sentiments de Lola étaient indescriptibles, alors qu'elle le suppliait, à genoux, de ne pas la quitter. La pièce était horrible dans son obscurité ; son esprit perdit pour un temps sa capacité de raisonner. Finalement, la conscience revint, mais seulement pour réveiller en elle la solitude de sa condition et l'hostilité de cette loi et de cette société qui condamnent à une disgrâce éternelle pour une souillure de sang, que la victime n'avait pas.

Dix jours après la preuve de l'acte de vente, l'innocente Lola mourut d'un cœur brisé et fut enterrée dans le cimetière des nègres, sans un visage blanc pour suivre le cadavre jusqu'à sa dernière demeure. Tel est le préjugé racial américain.

CHAPITRE XI.

L' invention de l'égreneuse à coton Whitney, il y a près de cinquante ans, a provoqué une hausse spectaculaire du prix des esclaves dans les États cotonniers. La valeur des hommes valides, aptes au travail sur le terrain, s'avança de cinq cents à douze cents dollars, dans le court espace de cinq ans. En 1850, un ouvrier de terrain de premier ordre valait deux mille dollars. Le prix des femmes augmentait en proportion ; ils étaient évalués à environ trois cents dollars de moins chacun que les hommes. Cette variation du prix des esclaves fit naître un commerce lucratif, tant dans l'élevage des esclaves que dans leur envoi vers les États ayant besoin de leurs services. La Virginie, le Kentucky, le Missouri, le Tennessee et la Caroline du Nord sont devenus les sections d'élevage d'esclaves ; La Virginie, cependant, a toujours été considérée comme l'État phare. C'est à la traite des êtres humains, plus qu'à tout autre mal qui en résulte, que l'institution doit son renversement.

Depuis l'image en tête du *Liberator* jusqu'au plus petit tract imprimé contre l'esclavage, la séparation des familles était l'objet principal de ceux qui dénonçaient le grand péché américain. Le déchirement des maris et des femmes, des parents et des enfants, et des bandes d'hommes et de femmes enchaînés, *en route* vers le marché de la Nouvelle-Orléans, fournissait aux correspondants des journaux des articles qui ne manquaient jamais de lecteurs. Ces paragraphes de journaux étaient souvent renforcés par le fait que de nombreux esclaves étaient aussi blancs que ceux qui les proposaient à la vente, et que la ressemblance étroite de la victime avec le commerçant rappelait souvent à l'acheteur que le même sang coulait dans les veines. des deux.

Le déplacement du Dr Gaines de « Poplar Farm » à Saint-Louis m'a donné l'occasion de constater les pires aspects de la traite intérieure des esclaves. Pendant de nombreuses années, le Missouri a mené une activité florissante dans la vente de ses fils et filles, dont la plupart passaient par la ville de Saint-Louis. Pendant longtemps, James Walker fut le principal spéculateur sur ce genre de propriété. Cet homme avait débuté sa vie en tant que dessinateur, travaillant d'abord pour les autres, puis pour lui-même, et finissant par acheter des hommes qui travaillaient avec lui. Enfin, se débarrassant de ses chevaux et de ses charrettes, il emmena ses fidèles hommes au marché de Louisiane et les vendit. Ce fut le début d'une carrière de cruauté qui, selon toute vraisemblance, n'avait pas d'égale dans les annales de la traite négrière américaine.

Il est difficile de trouver une personne plus repoussante que Walker dans une communauté d'hommes méchants. Grand, mince et élancé, avec des pommettes saillantes, un visage très marqué par la variole, des yeux gris, des sourcils rouges et des moustaches couleur sable, il se tenait en effet seul, sans partenaire ni camarade d'apparence. Il se piquait de ce qu'il appelait sa bonté de cœur et parlait toujours de son humanité.

Walker se vantait souvent de ne jamais séparer les familles s'il pouvait « persuader l'acheteur de prendre le tout ». Il annonçait toujours dans les journaux de la Nouvelle-Orléans qu'il serait là avec un grand nombre d' esclaves valides, hommes et femmes, aptes au service sur le terrain, avec quelques esclaves supplémentaires destinés aux domestiques, le tout entre le âgés de quinze et vingt-cinq ans; mais comme la plupart des hommes qui font affaire de spéculation sur les êtres humains, il en achetait souvent beaucoup qui étaient très avancés en âge, et essayait de les faire passer pour cinq ou six ans plus jeunes qu'eux. Peu de personnes peuvent arriver à quelque chose qui se rapproche de l'âge réel du nègre, par la simple observation, à moins qu'elles ne connaissent bien la race. C'est pourquoi le marchand d'esclaves pratiquait souvent cette tromperie en toute impunité.

Dès que le paquebot quittait le quai et se trouvait au bord du vaste Mississippi, le spéculateur appellerait son serviteur Pompée et lui donnerait des instructions sur la manière de préparer les esclaves pour le marché. Si l'un des noirs paraissait plus âgé que ce qu'il était annoncé, c'était l'affaire de Pompée de les adapter pour le jour de la vente.

Pomp, comme l'appelaient habituellement les commerçants, était de véritable sang nègre et disait souvent, en faisant allusion à lui-même : « Dis nigger ne suis pas une contrefaçon, c'est un article authentique. Dis Chili n'est pas votre moitié-moitié, il n'y a pas de faux à son sujet.

Pompée était de petite taille, avec un visage rond et, comme la plupart des gens de sa race, une dentition qui, en termes de blancheur et de beauté, ne pouvait être surpassée ; ses yeux étaient grands, ses lèvres épaisses et ses cheveux courts et laineux. Pomp était avec Walker depuis si longtemps, et avait tellement vu acheter et vendre ses semblables, qu'il paraissait parfaitement indifférent aux scènes déchirantes qui se produisaient quotidiennement en sa présence. Telle est la force de l'habitude :

« Le vice est un monstre d'une mine si effrayante,
qu'il suffit de le voir pour être haï ;
Mais vu trop souvent, familier avec son visage,
nous souffrons d'abord, puis nous plaignons, puis nous embrassons.

Avant d'atteindre le lieu de destination, Pompée sélectionnait la partie la plus ancienne et disait : « Je suis le gars qui doit vous préparer pour le marché d'Orléans, afin que vous puissiez en rapporter un bon prix à Mars. Quel âge as-tu ? s'adressant à un homme qui montrait un certain âge.

"Si je vis assez longtemps pour planter du maïs, j'aurai quarante ans."

« C'est peut-être le cas, » répondit Pompée, « mais maintenant vous n'avez que trente ans ; c'est ce que Marser dit que tu dois être.

«Je sais que je suis mo' dan dat», répondit l'homme.

"Je ne peux pas m'empêcher de penser à ça", répondit Pompée ; "Mais quand tu entres dans le marché, et que quelqu'un te dit quel âge tu as, et que tu leur dis que tu as quarante ans, Massa t'attachera, et quand il aura fini de te fouetter, tu seras content. dire que tu n'as que trente ans.

"Eh bien, je pense que je n'ai que trente ans", dit l'esclave.

"Quel est ton nom?" » demanda Pompée à un autre homme du groupe.

"Jeems", fut la réponse.

"Oh! Oncle Jim, n'est-ce pas ?

"Oui."

« Alors tu dois avoir toutes les moustaches grises rasées et les cheveux gris arrachés de ta tête. En fait, tu as du vieux trop vite. Tout cela fut dit par Pompée d'une manière qui montrait qu'il connaissait son affaire.

« Quel âge as-tu ? » » demanda Pompée à un homme grand et fort.

«J'ai vingt-neuf ans, la veille de Noël», dit l'homme.

"Quel est ton nom?"

«Je m'appelle Tobias», répondit l'esclave.

« Tobias ! » écria Pompée avec un ricanement qui signifiait qu'il était prêt à montrer sa brève autorité. « Maintenant, tu prends des airs. Votre nom est Toby, et pourquoi ne pouvez-vous pas dire la vérité ? Rappelez-vous, maintenant, que vous avez vingt-trois ans ; et avant d'aller au marché, votre visage doit être graissé ; car je vois que vous êtes un de ces nègres cendrés, et un peu de graisse rendra votre visage noir et lisse, et vous fera paraître plus jeune.

Pompée rendit compte à son maître de l'état des choses, et celui-ci lui dit : « Assurez-vous que les nègres n'oublient pas ce que vous leur avez appris, car notre chance dépend beaucoup de l'apparence de notre cheptel. »

Avec ce lot d'esclaves se trouvait un beau quadroon, une fille de vingt ans, blonde comme la plupart des femmes blanches, avec des cheveux un peu ondulés, de grands yeux noirs et une physionomie qui annonçait une intelligence au-delà de celle d'un simple domestique. Elle s'appelait Marion, et la jalousie de la maîtresse, si commune à cette époque, fut la cause de sa vente.

Non loin de Canal Street, dans la ville de la Nouvelle-Orléans, à l'époque de l'esclavage, se dressait un immeuble plat de deux étages, entouré d'un mur de pierre d'environ douze pieds de haut, dont le sommet était recouvert de morceaux de verre. , et construit de manière à empêcher même la possibilité que quiconque passe dessus sans subir de graves blessures. Beaucoup de pièces de ce bâtiment ressemblaient aux cellules d'une prison, et dans un petit appartement, près du « bureau », on pouvait voir une multitude de colliers de fer, d'entraves, de menottes, de vis pour le pouce , de peaux de vache, de chaînes. , des gags et des jougs.

Une cour arrière, entourée d'un haut mur, ressemblait au terrain de jeu attenant à l'une de nos grandes écoles de la Nouvelle-Angleterre, dans laquelle se trouvaient des rangées de bancs et des balançoires. Attenante à l'arrière-boutique se trouvait une cuisine de bonne dimension, où, à l'époque dont nous écrivons, deux vieilles négresses travaillaient, mijotant, bouillant et cuisant, et essuyant de temps en temps la sueur de leurs sourcils froncés et basanés.

Le marchand d'esclaves Walker, à son arrivée à la Nouvelle-Orléans, s'installa ici avec sa bande de bétail humain, et le lendemain matin, à dix heures, ils furent exposés à la vente. Vint d'abord la belle Marion, dont le visage pâle et l'air abattu racontaient combien d'heures tristes elle avait passées depuis qu'elle s'était séparée de sa mère. Là aussi se trouvait une pauvre femme séparée de son mari, et une autre femme, dont l'apparence et les manières exprimaient une profonde angoisse, était assise à côté d'elle. Il y avait « Oncle Jeems », avec ses moustaches enlevées, son visage rasé de près et ses cheveux gris arrachés, prêt à être vendu dix ans plus jeune que lui. Toby était également là, le visage rasé et graissé, prêt à être inspecté.

L'interrogatoire commença et se poursuivit de manière à choquer les sentiments de quiconque n'était pas entièrement dépourvu du lait de la bonté humaine.

"Pourquoi tu t'essuies les yeux ?" » demanda un gros homme au visage rouge, avec un chapeau blanc posé sur un côté de la tête et un cigare à la bouche, à une femme assise sur l'un des bancs.

"Parce que j'ai laissé mon homme derrière moi."

« Oh, si je t'achète, je te fournirai un homme meilleur que celui que tu as laissé. J'ai beaucoup de jeunes mâles sur ma ferme », a répondu l'homme.

"Je ne veux pas et je n'aurai jamais d'autre homme", répondit la femme.

"Quel est ton nom?" demanda un homme coiffé d'un chapeau de paille à un grand nègre qui se tenait debout, les bras croisés sur la poitrine, appuyé contre le mur.

"Je m'appelle Aaron, monsieur."

"Quel âge as-tu?"

"Vingt cinq."

"Où as-tu grandi ?"

"Dans le vieux Virginny, monsieur."

« Combien d'hommes vous ont possédé ? »

"Quatre."

« Êtes-vous en bonne santé ?

"Oui, monsieur."

« Combien de temps avez-vous vécu avec votre premier propriétaire ? »

"Vingt ans."

« Vous êtes-vous déjà enfui ?

"Non, monsieur."

"Avez-vous déjà frappé votre maître?"

"Pas de sar."

"Avez-vous déjà été beaucoup fouetté?"

« Non, monsieur ; Je suppose que je ne le méritais pas, Sar.

« Combien de temps as-tu vécu avec ton deuxième maître ? »

"Dix ans, Sar."

"Avez-vous bon appétit?"

"Oui, monsieur."

"Pouvez-vous manger votre allocation?"

"Oui, monsieur, quand je pourrai l'obtenir."

« Où étiez-vous employé en Virginie ?

«J'ai travaillé dans le domaine du tabac.»

« Dans le domaine du tabac, hein ?

"Oui, monsieur."

« Quel âge as-tu dit que tu avais ? »

"Vingt-cinq, Sar, prochaine heure de "tater-diggin".

« Je suis planteur de coton, et si je t'achète, tu devras travailler dans le champ de coton. Mes hommes en récoltent cent cinquante livres par jour, et les femmes cent quarante livres ; et ceux qui ne parviennent pas à accomplir leur tâche reçoivent cinq coups pour chaque livre manquante. Maintenant, penses-tu que tu pourrais suivre le reste des mains ?

"Je ne sais pas, monsieur, mais je pense que je devrais le faire."

« Combien de temps as-tu vécu avec ton troisième maître ? »

"Trois ans, Sar", répondit l'esclave.

« Eh bien, cela vous fait trente-trois ans ; Je pensais que tu m'avais dit que tu n'avais que vingt-cinq ans.

Aaron regarda maintenant d'abord le planteur, puis le commerçant, et parut parfaitement déconcerté. Il avait oublié la leçon que lui avait donnée Pompée, relative à son âge ; et les questions détournées du planteur, sans doute pour connaître l'âge réel de l'esclave, avaient déstabilisé le nègre.

"Je dois vous voir de dos, afin de savoir à quel point vous avez été fouetté, avant de penser à acheter."

Pompée, qui était présent pendant l'examen, pensa que ses services étaient maintenant requis et, s'avançant avec une certaine officiosité, dit à Aaron : « N'entends-tu pas De Gemman te dire qu'il veut te zaminer ? Jouis, détele-toi, vieux garçon, et ne reste pas debout, chéri.

Aaron fut examiné et prononça « son » ; Pourtant, les déclarations contradictoires sur son âge n'étaient pas satisfaisantes.

Lors du voyage suivant sur la rivière, Walker s'arrêta à Vicksburg, avec un « grand nombre d'esclaves », et une circonstance se produisit qui montre à quoi les esclaves de cette époque auraient recours pour échapper à la flagellation, tout en , il montre la vivacité d'esprit de la course.

Tout en divertissant certains de ses acheteurs à l'hôtel, Walker ordonna à Pompée de remettre le vin à ses invités. Ce faisant, le domestique renversa un verre de vin sur les genoux d'un gentleman. Pour cette mésaventure, le commerçant décida de faire punir son domestique. Il remit donc à Pompée un billet cacheté et lui ordonna de l'emmener à la prison des esclaves. Le domestique, se doutant que tout n'allait pas bien, s'empressa d'ouvrir le billet avant que l'hostie ne fût sèche ; et, passant devant le débarcadère du bateau à vapeur, il demanda à un marin de lire la note qui s'avéra être, comme

Pompée l'avait soupçonné, un ordre de lui faire recevoir « trente-neuf coups sur le dos nu ».

Walker avait donné à l'homme un dollar en argent, avec l'ordre de le remettre, avec le billet, au geôlier, car il était courant à cette époque que les personnes qui voulaient que leurs serviteurs soient punis et ne souhaitaient pas le faire eux-mêmes, les envoyaient à la « plume des esclaves », et faites-le ; dont le prix était d'un dollar.

WALKER, LE COMMERÇANT D'ESCLAVES.

Comment échapper à la flagellation, tout en rapportant à son maître la preuve qu'il a été puni, laissait perplexe le cerveau fertile de Pompée. Cependant, le domestique était à la hauteur de la situation. Debout devant « l'enclos des esclaves », le nègre aperçut un autre homme de couleur bien habillé qui remontait la rue, et il résolut de s'enquérir de la façon dont ils faisaient le fouet là-bas.

« Comment allez-vous, Sar », dit Pompée en s'adressant au frère de couleur. "Vivez-vous ici?"

"Oh! non, répondit l'étranger, je suis un homme libre et ma place est à Pittsburgh, en Pennsylvanie.

« Ah ! ha, alors tu n'habites pas ici, dit Pompée.

« Non, j'ai laissé mon bateau ici la semaine dernière et j'essaie chaque jour de trouver quelque chose à faire. Je n'ai pratiquement plus d'argent et je ferais presque n'importe quoi en ce moment.

Une pensée traversa l'esprit de Pompée : c'était son occasion.

"Eh bien," dit l'esclave, "si tu veux un travail, où tu peux gagner de l'argent rapidement, je pense que je peux t'aider."

"Si vous le voulez", répondit l'homme libre, "vous me ferez une grande faveur."

"Alors," dit Pompée, "prends note, et va dans cette prison, chéri, et ils te donneront une malle, amène-la, et je te dirai où la porter, et voici un dollar ; ça va te payer, n'est-ce pas ?

« Oui », répondit l'homme avec beaucoup de remerciements ; et prenant le billet et la pièce brillante, avec des sourires, il se dirigea vers la « Porte de la Cloche » et fit sonner la cloche avec force. La porte s'ouvrit à la volée et il entra.

L'homme avait à peine disparu, que Pompée traversa la rue et se tenait à la porte, écoutant la conversation qui avait alors lieu entre le geôlier et l'homme de couleur libre.

« Où est le dollar que vous avez obtenu avec ce billet ? » demanda le « *fouetteur* », alors qu'il finissait de lire l'épître.

« Le voici, monsieur ; il me l'a donné, dit l'homme non sans surprise.

«Remettez-le ici», répondit le geôlier d'une voix rauque. « Voilà, maintenant ; prends ce nègre, Pete, et attache-le sur la civière, et prépare-le pour les affaires.

"Qu'est-ce que tu vas me faire!" s'écria l'homme horrifié à l'annonce du geôlier.

"Vous le saurez très vite!" fut la réponse.

La résistance de l'innocent a amené le « fouetteur » à appeler trois autres noirs robustes et, en quelques minutes, la victime a été attachée sur la civière, face contre terre, ses vêtements enlevés, et le fouet noir blanc aux bras puissants. debout au-dessus de lui, le fouet levé.

Les cris et les gémissements du pauvre homme, alors que le lourd instrument de torture tombait sur son dos nu, réveillèrent Pompée, qui se retira de l'autre côté de la rue, attendit le résultat et se demanda s'il pourrait obtenir, de l'homme blessé, le reçu qui lui était demandé. le geôlier donne toujours l'esclave à rapporter à son maître comme preuve qu'il a été puni.

Alors que la porte s'ouvrait et que le frère de couleur faisait son apparition, regardant Pompée d'un air furieux, ce dernier cria : « Me voici, monsieur ! »

Fou de douleur causée par l'écocoriation de son dos ensanglanté, et par la surprise et l'étonnement devant la rapidité avec laquelle tout cela avait été accompli, l'homme traversa la rue en courant, réprimandant de la manière la plus furieuse son trompeur, qui paraissait également étonné de les épithètes qui lui sont attribuées.

"Qu'est ce que je t'ai fait?" demanda Pompée avec un sérieux vraiment amusant.

"Qu'est-ce que tu n'as pas fait !" » dit l'homme, les larmes coulant sur son visage. "Vous m'avez le dos coupé en morceaux", a poursuivi la victime.

"Pourquoi les as-tu laissés te fouetter ?" dit Pompée avec un sourire caché.

«Vous saviez que cette note était destinée à faire fouetter quelqu'un, et vous me l'avez imposée. Et voici un morceau de papier qu'il m'a donné et m'a dit de le donner à mon maître. Comme si j'avais un maître.

"Eh bien," répondit Pompée, "j'ai un demi-dollar, et je te le donnerai, si tu me donnes le papier."

Voyant qu'il ne pouvait faire une meilleure affaire, l'homme renonça au reçu et accepta en échange la pièce d'argent.

« Maintenant, » dit Pompée, « je suis vraiment désolé pour vous, et si vous descendez à la maison, je prierai pour vous. Je suis puissant dans la prière, c'est vrai.» Cependant, l'homme libre déclina l'offre de Pompée.

« Je pense que vous vous comporterez correctement et que vous ne renverserez plus le vin sur ces messieurs », dit Walker tandis que Pompée lui remettait le mot du geôlier. "La prochaine fois que vous commettez une telle erreur, vous ne vous en sortirez pas aussi facilement", a poursuivi le spéculateur.

Pompée parlait souvent de l'apparence de « mon frère », comme il appelait le frère de couleur, et il aimait rire de bon cœur en disant : « C'était un homme libre, il pouvait se permettre d'aller se coucher et de dormir jusqu'à ce qu'il se couche. il s'est rétabli.

Les étrangers à l'institution de l'esclavage et à ses effets sur ses victimes parlaient souvent avec étonnement de la fierté que les esclaves manifestaient à l'égard de leur propre valeur sur le marché. C'était particulièrement le cas lors des ventes aux enchères où des serviteurs de la ville ou de la ville étaient vendus.

« Qu'est-ce que votre marser a payé pour vous ? » » serait souvent demandé par un esclave à un autre.

"Huit cents dollars."

« Huit cents dollars ! Ha, ah ! Eh bien, si je ne vendais pas pour plus de huit cents dollars, je ne montrerais jamais ma tête parmi des gens respectables.

« Tu as tellement de choses à dire sur le fait que je vends à bas prix, maintenant je veux savoir combien ton patron a payé pour toi ? »

« Mon patron a payé mille cinq cents dollars cash pour moi ; et c'était un jour de pluie, et il n'y avait pas beaucoup de ventes aux enchères, ou il avait dû payer très cher, laissez-moi vous le dire. Je ne suis pas un de vos nègres bon marché, non.

« Hy, mon oncle ! Est-ce qu'ils t'ont vendu, hier ? Je te vois descendre au marché.

"Oui, ils m'ont unique."

"Combien as-tu récupéré ?"

"Dix mille huit cents dollars."

"C'était vraiment intelligent pour un homme comme toi, n'est-ce pas ?"

« Eh bien, je ne sais pas ; ce n'est pas grave, je suis wuf ; Pour que vous soyez membre, j'ai été élevé par de Christy's. Je ne suis pas un de vos nègres ordinaires, je vends pour un picayune. Je pense que mon nouveau patron m'a eu un prix vraiment bon marché.

« Et donc tu es seul, las' Sataday, pour neuf cents dollars ; alors je rassemble.

"Eh bien, qu'en est-il?"

"Tout ce que j'ai à dire, c'est que si j'étais seul demain et que je n'apportais pas plus de neuf cents dollars, je n'aurais plus jamais l'air d'un homme honnête."

Ces paroles, et d'autres du même genre, étaient souvent entendues dans n'importe quelle compagnie d'hommes de couleur, dans nos villes du Sud.

CHAPITRE XII.

PARTOUT DANS les États du Sud, on trouve encore des restes d'Africains d'antan, qui ont été volés dans leur pays natal et vendus sur les marchés de Savannah, Mobile et de la Nouvelle-Orléans, au mépris de toute loi. Cependant, cette dernière ville et ses environs comptaient une plus grande proportion de cette population que toute autre section. La Nouvelle-Orléans était leur centre et leurs rencontres n'étaient pas inintéressantes.

La Place du Congo tire son nom, comme on le sait, des nègres du Congo qui dansaient sur sa pelouse tous les dimanches. C'était un peuple curieux qui rapporta avec lui ce vestige de ses jungles africaines. En Louisiane, il y avait six tribus différentes de nègres, nommées d'après la région du pays d'où ils venaient, et leurs représentants étaient visibles sur la place, les dents limées et les joues encore tatouées. La majorité des nègres de nos villes venaient des Kraels, une tribu nombreuse qui habite dans les palissades. Nous avions ici les Minahs, race fière, digne et guerrière ; les Congos, un peuple perfide, astucieux et implacable ; les Mandringas, une branche des Congos ; les Gangas, nommés d'après le fleuve de ce nom, d'où ils avaient été tirés ; les Hiboas, appelés par les missionnaires les « Hiboux », tribu maussade et intraitable, et les Foulas, le type le plus élevé de l'Africain, avec ici très peu de représentants.

C'étaient les gens que l'on rencontrait sur la place il y a de nombreuses années. C'était une soirée de gala, ces dimanches de ces années-là, et pas moins de deux ou trois mille personnes s'y rassemblaient pour voir les danseurs sombres. Une clôture basse entourait la place, et dans chaque rue il y avait un petit portail et un tourniquet. Il n'y avait pas d'arbres à cette époque et le sol était dénudé par les pieds des gens. Vers trois heures, les nègres commencèrent à se rassembler, chaque nation prenant place dans différentes parties de la place. Les Minahs ne danseraient pas près des Congos, ni les Mandringas près des Gangas. Bientôt, la musique retentirait et les groupes se prépareraient au sport. Chaque set avait son propre orchestre. Les instruments étaient une espèce particulière de banjo, composé d'une gourde de Louisiane, de plusieurs tambours faits d'un moignon de gomme extrait, avec une tête en peau de mouton et battu avec les doigts, et de deux mâchoires de cheval qui, lorsqu'elles étaient secouées, faisaient du bruit. les dents qui bougent, gardant le rythme avec les tambours. Environ huit nègres, quatre mâles et quatre femelles, formaient un groupe, et généralement ils n'étaient que légèrement vêtus.

Il a fallu un certain temps avant que le battement des tambours n'excite les danseurs ennuyeux et paresseux, mais lorsque le point d'excitation est venu, rien ne peut décrire fidèlement les mouvements sauvages et frénétiques qu'ils accomplissent. D'avant en arrière, d'une manière ou d'une autre, tantôt ensemble, tantôt séparément, chaque mouvement destiné à transmettre les idées les plus sensuelles. Au fur et à mesure que la danse avançait, les tambours battaient plus vite, les contorsions devenaient plus grotesques, jusqu'à ce que parfois, dans la frénésie, les femmes et les hommes tombent évanouis à terre. Tout cela se passait sous les yeux d'une foule dense et sous un soleil brûlant déversant ses rayons torrides sur les acteurs entichés de ce curieux ballet. Une fois qu'un groupe était fatigué, ils abandonnaient pour être remplacés par d'autres, puis se dirigeaient vers les groupes d'une autre tribu dans une autre partie de la place. C'est alors que les ennuis commençaient, et une bagarre régulière à coups de bâtons courts s'ensuivait entre les hommes, et des têtes brisées mettaient fin à la fête.

Sur les trottoirs, autour de la place, les vieilles négresses, avec leurs bières d'épices et leurs cacahuètes, leurs noix de coco et leurs pop-corn, faisaient un commerce florissant, et de temps en temps, sous leurs jupons, des bouteilles de tafia, sorte de rhum de Louisiane, jetaient un coup d'œil. dehors, ce dont les *gendarmes* n'avaient pas conscience. Au coucher du soleil, un flot de monde sortait des tourniquets, et les *gendarmes* , se promenant sur la place, ordonnaient la dispersion des nègres, et par coups de feu, à neuf heures, la place était presque désert. Ces danses ont été maintenues jusqu'à la mémoire des hommes encore vivants, et beaucoup de ceux qui y croient et qui les raviraient volontiers se trouvent dans tous les États de l'Union.

Les premières traditions, transmises par les Africains importés, ont beaucoup contribué à maintenir vivante la croyance selon laquelle le diable est un être personnel, doté de sabots, de cornes et possédant des pouvoirs égaux à ceux de Dieu. Ces idées donnent de l'influence au prestidigitateur, au docteur goopher et au diseur de bonne aventure.

En visitant une des paroisses supérieures, il n'y a pas longtemps, je m'arrêtais chez un monsieur qui avait l'habitude de faire des visites hebdomadaires dans un cimetière voisin, assis pendant des heures parmi les tombes, ce qui rendait sa femme très triste.

Je lui ai demandé quel était l'objet de l'étrange bizarrerie de son mari.

"Oh!" dit-elle, "il est influencé là-bas par les anges."

« Est-il allé au cimetière maintenant ? J'ai demandé.

"Oui", fut la réponse.

"Je pense que je peux l'en guérir, si vous promettez de garder tout cela secret."

«Je le ferai», fut la réponse.

"Donnez-moi un drap et détachez votre chien, et je mettrai le remède en marche", dis-je. Rolla, le gros chien de Terre-Neuve, fut détaché, le drap bien ajusté autour de son cou, bien cousu, et l'animal dit d'aller chasser son maître.

Prenant le sentier, le chien se dirigea aussitôt vers le cimetière. Des cris de « Au secours, au secours ! » Dieu sauve-moi!" venant du côté des tombeaux, réveilla le quartier. Les cris de l'homme effrayèrent le chien, et il rentra chez lui en toute hâte ; le drap, à moitié déchiré, fut enlevé, et Rolla fut de nouveau attaché dans sa maison.

Très vite, M. Martin a été amené par deux amis qui sont venus le chercher sur le trottoir, le visage considérablement meurtri. Son histoire était la suivante: «Le diable l'avait chassé du cimetière, l'avait fait trébucher sur le trottoir, d'où le sang qui coulait de la blessure sur son visage.»

Ce qui précède est un index juste de la plupart des histoires de fantômes.

CHAPITRE XIII.

QUARANTE ans, les évasions des esclaves du Sud, bien que nombreuses, étaient néanmoins difficiles, en raison des récompenses élevées offertes pour leur arrestation et de la facilité d'extradition des États du Nord. On n'éprouva que peu ou pas de difficulté à capturer et à ramener un esclave de l'Ohio, de l'Indiana, de l'Illinois ou de la Pennsylvanie, les quatre États par lesquels les fugitifs devaient passer dans leur fuite vers le Canada. L'élément Quaker dans tous les États ci-dessus s'est manifesté en fournissant de la nourriture au serviteur volant, en le cachant pendant des jours, et même des semaines, et en le transportant enfin vers un lieu sûr, ou en le transportant vers les domaines de la Reine.

L'instinct semblait dire au nègre qu'un habit terne et un chapeau à larges bords couvraient un cœur bienveillant, et nous n'avons aucune trace de sa tromperie. Il est possible que les quelques Amis dispersés dans les États esclavagistes et le fait qu'ils ne possédaient jamais d'esclaves aient donné aux Noirs une impression favorable de cette secte, avant que la victime de l'oppression ne quitte son soleil natal.

Un esclave courageux et viril résolut de s'échapper de Natchez, Miss. Cet esclave, dont le nom était Jérôme, était de pure origine africaine, était parfaitement noir, très beau, grand, mince et droit comme on peut l'être. Ses traits n'étaient pas mauvais, les lèvres fines, le nez proéminent, les mains et les pieds petits. Ses yeux noirs brillants illuminaient tout son visage. Ses cheveux, presque raides, pendaient en boucles sur son front haut. George Combe ou Fowler auraient choisi sa tête comme modèle. Il était courageux et audacieux, fort de personne, fougueux d'esprit, mais gentil et vrai dans ses affections, sérieux dans tout ce qu'il entreprenait.

Pour atteindre les États libres ou le Canada, en voyageant de nuit et en dormant le jour, à partir d'un État aussi au sud que le Mississippi, personne ne songerait un instant à tenter de s'échapper. Rester en ville serait une démarche suicidaire. Le bruit profond de la vapeur qui s'échappait d'un bateau qui remontait en ce moment la rivière retentit aux oreilles de l'esclave. « Si ce bateau remonte la rivière, dit-il, pourquoi ne pas me cacher à bord et essayer de m'échapper ? Il se rendit aussitôt au débarcadère du bateau à vapeur, où le bateau venait d'arriver. « À destination de Louisville », dit le capitaine à quelqu'un qui s'enquérait. Tandis que les passagers se précipitaient à bord, Jérôme les suivit, et se dirigeant vers l'endroit où certains ouvriers rangeaient des ballots de marchandises, il les saisit et les secourut.

« Descendez dans la cale et aidez les hommes », dit le second au fugitif, supposant que, comme beaucoup de personnes, il remontait la rivière. Une fois dans la coque, parmi les caisses, l'esclave se cacha. Des heures fatigantes, et enfin des jours, se passèrent sans eau ni nourriture avec l' esclave caché. Plus d'une fois il résolut de faire connaître son cas ; mais la connaissance qu'il serait renvoyé à Natchez l'en empêcha. Finalement, les lèvres desséchées et enflées de fièvre, le pauvre homme sortit en rampant dans la salle de fret et se mit à errer. Les écoutilles étaient ouvertes et la pièce sombre. Il y avait à bord une fête de mariage ; et une boîte contenant une partie du gâteau de mariée et plusieurs bouteilles de porto se trouvait près de Jérôme. Il trouva la boîte, l'ouvrit et se servit. En huit jours, le bateau accosta au quai à l'endroit de sa destination. Il était tard dans la nuit ; l'équipage du bateau, à la seule exception de l'homme de quart, était à terre. Les écoutilles étaient fermées et le fugitif se dirigea tranquillement vers le pont et sauta sur le rivage. L'homme a aperçu le fugitif, mais trop tard pour l'arrêter.

Toujours dans un État esclavagiste, Jérôme ne savait pas comment procéder. Il avait avec lui quelques dollars, de quoi payer son voyage jusqu'au Canada, s'il pouvait trouver un moyen de transport. Le fugitif se procura la nourriture qu'il désirait dans l'un des nombreux restaurants, puis, suivant la direction du North Star, il quitta la ville et prit la route qui mène à Covington. Restant près de la rivière Ohio, Jérôme trouva bientôt l'occasion de passer dans l'État de l'Indiana. Mais la liberté n'était qu'un nom dans ce dernier État, et le fugitif apprit, de quelques personnes de couleur qu'il rencontra, qu'il n'était pas prudent de voyager de jour. Alors qu'il cheminait une nuit, sans rien d'autre pour le réconforter que la perspective d'une liberté future, il fut attaqué par trois hommes qui attendaient un autre fugitif, dont ils avaient reçu une annonce par courrier. En vain Jérôme leur dit-il qu'il n'était pas un esclave. Certes, ils n'avaient pas attrapé l'homme qu'ils attendaient ; mais, s'ils pouvaient faire dire à cet esclave de quel endroit il s'était enfui, ils savaient qu'un bon prix leur serait payé pour l'arrestation de l'esclave.

Torturé par les esclavagistes, pour lui faire révéler le nom de son propriétaire et le lieu d'où il s'était enfui, Jérôme leur donna un nom fictif en Virginie, et dit que son maître donnerait une grosse récompense, et manifesta sa volonté de retourner chez son « ancien patron ».

Par cette fausse déclaration, le fugitif espérait avoir une autre chance de s'enfuir.

Séduits par la perspective d'une grosse somme d'argent nécessaire, les esclavagistes repartirent avec leur victime. S'arrêtant la deuxième nuit dans une auberge, sur les rives de la rivière Ohio, les ravisseurs, au lieu d'un endroit approprié pour confiner leur récompense pendant la nuit, l'ont enchaîné au montant de leur chambre à coucher.

Les hommes blancs tardaient à se coucher, après une soirée passée à boire. En pleine nuit, alors que tout était calme, l'esclave se leva du sol sur lequel il était allongé, regarda autour de lui et vit que Morphée était en possession de ses ravisseurs. « Pour une fois, pensa-t-il, la bouteille d'eau-de-vie a fait un noble travail. » Le cœur palpitant et les membres tremblants, il observa sa position. La porte était rapide, mais le temps chaud les avait obligés à laisser la fenêtre ouverte. S'il parvenait à enlever ses chaînes, il pourrait s'échapper par la fenêtre de la place. Les vêtements des dormeurs étaient accrochés aux chaises près du lit. L'esclave pensa à la clé du cadenas, examina les poches et la trouva. Les chaînes furent bientôt retirées et le nègre se dirigea furtivement vers la fenêtre. Il s'arrêta et se dit : « Ces hommes sont des méchants, ils sont les ennemis de tous ceux qui, comme moi, tentent d'être libres. Alors pourquoi ne pas leur donner une leçon ? Il s'habilla ensuite du plus beau costume, accrocha ses propres vêtements usés et en lambeaux sur la même chaise, passa silencieusement par la fenêtre de la place, descendit près d'un des piliers et repartit pour le Canada.

La lumière du jour lui parvint avant qu'il ait choisi une cachette pour la journée, et il marchait à un rythme rapide, dans l'espoir d'atteindre bientôt quelque bois ou forêt. Le soleil commençait à peine à se montrer, lorsque Jérôme fut étonné d'apercevoir derrière lui, au loin, deux hommes à cheval. Prenant un chemin à droite, il aperçut devant lui une ferme, et il en était si près qu'il aperçut devant lui deux hommes qui le regardaient. Il était trop tard pour faire marche arrière. Les ravisseurs étaient derrière – des hommes étranges auparavant. Il savait que ceux qui se trouvaient à l'arrière étaient des ennemis, alors qu'il n'avait aucune idée des principes des agriculteurs. Ce dernier vit également arriver les hommes blancs et appela le fugitif à venir par là.

Les chapeaux à larges bords que portaient les fermiers indiquaient à l'esclave qu'ils étaient des Quakers.

Jérôme avait vu certains de ces gens monter et descendre le fleuve, lorsqu'il était employé sur un bateau à vapeur entre Natchez et la Nouvelle-Orléans, et il avait entendu dire qu'ils n'aimaient pas l'esclavage. Il se précipita donc vers les hommes en habit terne qui, à son approche, ouvrirent la porte de la grange et lui dirent d'entrer en courant.

Lorsque Jérôme entra dans la grange, les deux fermiers fermèrent la porte, restant à l'extérieur d'eux-mêmes, pour affronter les chasseurs d'esclaves, qui s'approchèrent alors et demandèrent l'entrée, se sentant en sécurité avec leur proie.

«Tu ne peux pas entrer dans mes locaux», dit l'un des Amis d'une voix plutôt musicale.

Les chasseurs de nègres ont insisté sur leurs revendications sur l'esclave et ont laissé entendre que, à moins qu'ils ne soient autorisés à le sécuriser, ils entreraient de force. À ce moment-là, plusieurs autres Quakers s'étaient rassemblés autour de la porte de la grange. Malheureusement pour les ravisseurs, et fort heureusement pour le fugitif, les Amis venaient de tenir une réunion trimestrielle dans le quartier, et nombre d'entre eux n'étaient pas encore rentrés chez eux.

Après quelques discussions, les hommes en tenue terne promirent d'admettre les chasseurs, à condition qu'ils se procurent un officier et un mandat de perquisition d'un juge de paix. L'un des chasseurs d'esclaves devait veiller à ce que le fugitif ne s'enfuie pas, tandis que l'autre se lançait à la poursuite d'un officier. Pendant ce temps, le propriétaire de la grange fit venir un marteau et des clous et commença à clouer la porte de la grange.

Après une heure à rechercher l'homme de loi, ils revinrent avec un officier et un mandat d'arrêt. Le Quaker demanda à voir le journal et, après l'avoir regardé pendant un certain temps, appela son fils à entrer dans la maison pour prendre ses lunettes. Il a fallu beaucoup de temps avant que tante Ruth ne trouve l'étui en cuir, et lorsqu'elle l'a trouvé, les lunettes ont dû être essuyées avant de pouvoir être utilisées. Après les avoir confortablement ajustés sur son nez, il lut tranquillement le mandat.

« Venez, M. Dugdale, nous ne pouvons pas attendre toute la journée », a déclaré l'officier.

"Eh bien, veux-tu le lire pour moi?" » répondit le Quaker.

L'officier obéit et l'homme en tenue terne dit : « Oui, tu peux entrer, maintenant. Je suis enclin à ne jeter aucun obstacle à l'exécution de la loi du pays.

En approchant de la porte, les hommes y trouvèrent une quarantaine ou une cinquantaine de clous qui gênaient leur progression.

« Prêtez-moi votre marteau et votre ciseau, s'il vous plaît, M. Dugdale », dit l'officier.

« S'il vous plaît, relisez ce document, d'accord ? » » demanda le Quaker.

L'officier a relu le mandat.

« Je ne vois rien là qui me dise que je dois te fournir des outils pour ouvrir ma porte. Si tu veux un marteau, tu dois aller le chercher ailleurs ; Je te le dis clairement, tu ne peux pas avoir le mien.

Les instruments pour ouvrir la porte sont enfin obtenus, et, après encore une demi-heure, les attrapeurs d'esclaves sont dans la grange. Trois heures, c'est long pour qu'un esclave soit entre les mains des Quakers. Le foin est retourné et la grange est visitée dans toutes ses parties ; mais le fugitif n'est toujours pas retrouvé. L'oncle Joseph a une lueur sur le visage ; Éphraïm secoue la tête en connaissance de cause ; le petit Elijah est un parfait ignorant, et si vous regardez vers la maison, vous verrez le visage souriant de tante Ruth prête à annoncer que le petit déjeuner est prêt.

"Le nègre n'est pas dans cette grange", a déclaré l'officier.

"Je sais que ce n'est pas le cas", remarqua doucement le Quaker.

« Alors, pourquoi clouiez-vous votre porte, comme si vous aviez peur que nous entrions ? » s'est enquis l'un des ravisseurs.

"Je peux faire ce que je veux avec ma propre porte, n'est-ce pas ?" dit l'Ami.

Le secret était dévoilé ; le fugitif était entré par la porte d'entrée et ressortit par l'arrière ; et la lecture du mandat, le clouage de la porte et d'autres préliminaires du Quaker, devaient donner au fugitif le temps et l'occasion de s'échapper.

Il était maintenant tard dans la matinée, les chasseurs d'esclaves étaient loin de chez eux et les chevaux étaient blasés par la rapidité avec laquelle ils avaient voyagé. Les Amis, très joyeux, retournèrent à la maison pour le petit déjeuner ; Le policier et les ravisseurs ont procédé à un examen approfondi de la grange et des locaux et ont constaté que Jérôme était entré dans la grange, mais n'en était pas ressorti, et également convaincus qu'il était hors de leur portée, le propriétaire a déclaré : « Il est descendu. dans la terre et a pris un chemin de fer clandestin.

C'est ainsi qu'a été baptisée cette célèbre route sur laquelle tant de fils et de filles opprimés d'origine africaine étaient destinés à emprunter, et dont le récit a été publié par l'un de ses plus fidèles agents, M. William Still, de Philadelphie.

Plus tard, Caton, serviteur du Dr Gaines, fut vendu au capitaine Enoch Price, de Saint-Louis. Le capitaine emmena son esclave avec lui à bord du paquebot *Chester*, sur le point de naviguer vers la Nouvelle-Orléans. À ce dernier endroit, le bateau a obtenu une cargaison pour Cincinnati, Ohio. Le maître, conscient que l'esclave pourrait lui donner un faux-pas, alors qu'il se trouvait dans un État libre, résolut de laisser le bien à Louisville, Ky., jusqu'à son retour vers le bas. Cependant, Mme Price, désireuse d'avoir les services du domestique sur le bateau, l'interrogea au sujet de la visite envisagée à Cincinnati.

« Je ne veux pas aller dans un État libre », dit Caton ; « Si je connaissais un domestique qui était monté une fois, et ils n'arrêtaient pas de le supplier de s'enfuir ; donc je préfère ne pas y aller, chérie ; car je suis satisfait de mon marser, et je ne veux pas partir, ce que je devrais prendre en charge moi-même.

Cela fut dit d'une manière si sérieuse et si désinvolte, que cela dissipa tous les soupçons de la dame quant à sa tentative de s'échapper ; et elle a exhorté son mari à l'emmener dans l'Ohio.

Caton voulait sa liberté, mais il savait très bien que s'il exprimait le souhait d'aller dans un État libre, il ne lui serait jamais permis de le faire. En temps voulu, le *Chester* arriva à Cincinnati, où il resta quatre jours, déchargeant sa cargaison et rechargeant pour le voyage de retour. Pendant ce temps, Caton resta à son poste, s'acquittant fidèlement de ses devoirs ; personne ne songeait qu'il avait la moindre idée de quitter le bateau. Cependant, la veille du départ des *Chester* de Cincinnati, Caton révéla la question à Charley, un autre esclave, qu'il souhaitait l'accompagner.

Charley entendit la proposition avec surprise ; et bien qu'il désirât sa liberté, sa timidité ne lui permettait pas de faire le procès.

« Mon maître est un homme plutôt bon et me traite relativement bien ; et si j'étais attrapé et ramené, il me vendrait sans aucun doute à un planteur de coton ou de sucre », dit Charley à l'invitation de Caton. « Mais, continua-t-il, le capitaine Price est un homme méchant ; Je ne te blâmerai pas, Caton, de t'être enfui et de l'avoir abandonné. À propos, je suis fiancé à une soirée surprise ce soir et je pense que nous passerons un bon moment. J'ai une nouvelle paire d'escarpins pour danser, et j'ai Jim, le cuisinier, pour me préparer une tarte, et je prendrai des sandwichs, et j'y vais avec une jolie fille.

« Alors tu ne partiras pas avec moi ce soir ? » dit Caton à Charley.

"Non", fut la réponse.

« C'est vrai, » remarqua Cato, « votre marser est un homme meilleur, et il vous traite bien mieux que le capitaine Price ne le fait moi, mais, alors, il peut se mettre au jeu, et se ruiner, et alors il va je dois te vendre.

«Je le sais», répondit Charley; "Aucun de nous n'est en sécurité tant que nous sommes esclaves."

Il était sept heures du soir, Caton était dans le garde-manger, lavant la vaisselle du dîner et contemplant sa fuite dont le début allait bientôt avoir lieu. Charley était monté à la salle du steward pour se préparer à la surprise, et était absent depuis quelque temps, ce qui causa de l'inquiétude à Caton, et il résolut de monter dans la cabine et de voir que tout allait bien. Entrant dans la cabine par la salle sociale, Caton, en passant devant la chambre du capitaine, entendit une conversation qui attira son attention et le fit s'arrêter à la porte de la chambre de son maître.

Il ne tarda pas, quoique la conversation fût à voix basse, à apprendre que les partis étaient son maître et son compagnon Charley.

– Et donc il va s'enfuir ce soir, n'est-ce pas ? dit le capitaine.

«Oui, monsieur», répondit Charley; il a essayé de me convaincre de l'accompagner, et j'ai cru devoir vous le dire.

"Très bien; Je l'emmènerai à Covington, dans le Kentucky, je le mettrai en prison pour la nuit, et à mon retour à la Nouvelle-Orléans, je vendrai cet ingrat nègre. Où est-il maintenant?" demanda le capitaine.

"Cato est dans le garde-manger, monsieur, en train de faire la vaisselle", fut la réponse.

Le déplacement des chaises dans la pièce et ce qu'il avait entendu pour la dernière fois convainquirent Caton que la conversation entre son maître et le perfide Charley était terminée, et il retourna aussitôt au garde-manger, incertain de la marche à suivre. Il n'était pas là depuis longtemps, lorsqu'il entendit le grincement bien connu des bottes du capitaine descendant les escaliers. À ce moment-là, Dick, le garçon de cuisine, sortit de la cuisine et jeta par-dessus bord une poêle pleine de viande froide. Cet incident parut fournir des mots à Caton, qui profita aussitôt de la situation.

"Qu'est-ce que tu as jeté par-dessus bord, chérie ?"

"Ce ne sont pas vos affaires", répondit Dick en claquant la porte derrière lui et en retournant à la cuisine.

"Vous, les nègres libres, allez gaspiller tout ce qu'il y a sur ce bateau", a poursuivi Cato. « C'est mon devoir de surveiller ces nègres et de veiller à ce qu'ils ne détruisent pas la propriété de Marser. Maintenant, laisse-moi voir, je vais tout de suite parler de Charley à Marser, je ne garderai plus ses secrets. Et là, Caton jeta son torchon et se dirigea vers la cabane.

Le capitaine Price, qui, pendant le soliloque de Caton, était caché derrière une grande caisse de marchandises, retourna en toute hâte dans sa chambre, où il fut bientôt rejoint par son dévoué serviteur.

En réponse aux coups frappés à la porte, le capitaine a dit : « Entrez ».

Caton, le regard abattu et d'une manière obséquieuse, entra dans la chambre et dit : « Marser, je suis venu te dire quelque chose qui pèse lourd sur mon mien, quelque chose que j'aurais dû te tolérer avant cela.

"Eh bien," dit le maître, "qu'y a-t-il, Caton ?"

"Maintenant, marser, tu engages Charley, n'est-ce pas ?"

"Oui."

"Eh bien, monsieur, si Charley s'enfuit, vous devrez payer pour lui, n'est-ce pas ?"

« Je pense que c'est très probable, puisque je l'ai amené dans un État libre, et lui ai ainsi donné l'occasion de s'échapper. Pourquoi, pense-t-il s'enfuir ?

"Oui, monsieur," répondit Caton, "il est prêt à partir ce soir, et il m'a harcelé toute la journée pour que je parte avec lui."

"Voulez-vous dire que Charley a essayé de vous persuader de me fuir ?" » demanda le capitaine assez brusquement.

"Oui, monsieur, c'est pas grave ce qu'il fait toute la journée. Je l'ai viré là où il allait, et il a dit qu'il allait au Canada, et il vous a insulté de noms très méchants, et ça m'a rendu fou.

"Eh bien, Charley vient de venir me dire que tu allais t'enfuir ce soir."

"Avec une apparente surprise, et en ouvrant ses grands yeux", s'exclama Cato, "Eh bien, eh bien, eh bien, ce nègre ne bat pas de debble !" Et là, le nègre leva les mains et, levant les yeux, dit : « Pour Dieu, marseil , je ne te quitterais pas pour ce travail. Maintenant, messer, Jess, laissez-moi vous dire comment découvrir qui dit la vérité. Charley a tout préparé et il est tout de suite un gwine. Il a deux tartes, des gâteaux sucrés, des sandwichs, du pain et du beurre, et il a une paire d'escarpins pour danser à son arrivée au Canada. Et si vous voulez l'attraper sous peine de vous enfuir, vous n'avez qu'à attendre sur le quai et vous l'attraperez.

Cela fut dit avec tant de sérieux et avec de telles protestations d'innocence, que le capitaine Price résolut de suivre le conseil de Caton et de surveiller Charley.

"Allez voir si vous pouvez trouver où est Charley, et revenez me le faire savoir", dit le capitaine.

Caton s'éloigna, sur la pointe des pieds, en direction de la chambre du steward, où, en regardant par le trou de la serrure, il aperçut le perfide compagnon de service se préparant pour la fête surprise à laquelle il s'était engagé la veille au soir. .

Cato revint presque essoufflé et dit dans un murmure : « Je l'ai trouvé, monsieur, il est prêt à commencer. Il a un paquet de provisions tout prêt, ser ; vous ne manquerez pas de l'attraper pendant qu'il s'en va, si vous allez sur le quai.

Jetant son manteau de camelet sur ses épaules, le capitaine sortit sur le quai, se plaça derrière un tas de bois et attendit l'arrivée du nègre ; il ne resta pas non plus longtemps en suspens.

Avec un cigare allumé, vêtu de ses plus beaux vêtements et ses provisions attachées dans une serviette, Charley fut bientôt vu quitter précipitamment le bateau.

Sortant de sa cachette, le capitaine saisit le nègre par le col et le reconduisit au paquebot en s'écriant : « Où vas-tu ? Qu'est-ce que tu as dans ce paquet ?

"Je sors juste un peu de lessive pour la faire", répondit le nègre surpris et effrayé.

Alors qu'ils atteignaient le pont éclairé : « Ouvrez ce paquet », dit le capitaine.

Charley commença à obéir à l'ordre et en même temps à donner une explication.

« Ferme ta gueule, espèce de canaille », cria bruyamment le capitaine.

Alors que l'homme défaisait lentement le paquet et que l'on commençait à en voir le contenu, "Voilà", dit le capitaine, "voici les tartes, les gâteaux, les sandwichs, le pain et le beurre que Caton m'a dit que vous aviez préparés pour manger en fuyant. Oui, il y a aussi les escarpins avec lesquels vous devez danser lorsque vous arrivez au Canada.

Ici, Charley, effrayé, tenta à nouveau d'expliquer : « J'étais Jess gwine pour… »

« Ferme ta bouche, méchant ; tu allais t'enfuir au Canada.

"Non, Marser Price, pour Dieu, j'étais seulement..."

« Ferme ta gueule, espèce de coquin noir ; tu m'as dit que tu emportais des vêtements à laver, espèce de menteur.

Au cours de cette scène, Cato était à l'intérieur du garde-manger, la porte entrouverte, regardant son maître et Charley avec une satisfaction non feinte.

Tenant toujours le nègre par le collier et le conduisant du côté opposé du bateau, le capitaine a appelé M. Roberts, le second, pour qu'il fasse monter le petit bateau pour l'emmener, lui et le «fugitif», au-dessus de la rivière.

Quelques instants plus tard, le capitaine, avec Charley assis à ses côtés, était conduit à Covington, où le nègre fut enfermé en toute sécurité pour la nuit.

« Encore un peu, dit le capitaine au second officier en retournant au bateau, encore un peu et j'aurais perdu quinze cents dollars à cause de la fuite de ce garçon.

"En effet", a répondu l'officier.

"Oui," continua le commandant, "mon serviteur Caton me l'a dit, juste à temps pour attraper ce coquin en train de s'enfuir."

L'un des matelots qui ramait et qui avait écouté attentivement le capitaine, dit : « J'ai entendu Caton aujourd'hui, essayant de persuader Charley d'aller quelque part avec lui ce soir, et ce dernier a dit qu'il allait à un hôtel. 'fête surprise.'"

« Quel diable vous avez fait », s'est exclamé le capitaine. « Dépêchez-vous, continua-t-il, car ces nègres sont un groupe glissant. »

Alors que le yawl accostait le paquebot, le capitaine Price sauta sur le pont et partit directement à la recherche de Caton, introuvable. Et même le paquet de Charley, qu'il avait laissé là où il l'ouvrait, avait disparu. Toutes les recherches pour retrouver l'homme délicat ont été vaines.

Le lendemain matin, Charley a été ramené au bateau, disant, alors qu'ils traversaient la rivière : « J'ai dit au patron que Caton était prêt à s'enfuir, mais il ne m'a pas fait signe. Maintenant, il voit que Cato est parti.

Après que le capitaine eut appris tout ce qu'il pouvait de Charley, le récit de ce dernier sur son emprisonnement dans la cellule provoqua une grande gaieté parmi l'équipage du bateau.

«Mais je vous dis que c'était le plus gros rat de cette prison, toujours dans ma vie. Ils couraient partout et faisaient tellement d'histoires que j'avais « peur de m'asseoir ou de m'allonger ». J'ai dû rester debout toute la nuit.

Le *Chester* fut retenu jusqu'à la fin de la journée, pendant laquelle tous les efforts furent déployés pour retrouver Caton, mais sans succès.

Lorsqu'il fut réprimandé par les serviteurs noirs du bateau pour sa trahison envers Cato, le seul plaidoyer de Charley fut : « Je vois que c'est debble qui m'a poussé à le faire. »

S'habillant de ses vêtements les plus chauds et les plus beaux, et prenant quelques provisions qu'il avait préparées pendant la journée, et emportant également avec lui les tartes, les gâteaux, les sandwichs et les escarpins de Charley, Caton quitta le bateau et s'enfuit avant que son maître ne revienne de Covington.

C'est pendant le froid hiver de 1834 que le fugitif voyageait de nuit et se reposait dans les bois le jour. Après une semaine de voyage, sa nourriture s'est épuisée, puis est arrivée la plus sévère de ses épreuves, le froid couplé à la faim.

Souvent, Caton se résolvait à se rendre dans certaines fermes et à demander de la nourriture et un abri, mais la crainte d'être capturé et renvoyé de nouveau l'empêchait de suivre ses inclinations. Une nuit, une pluie battante, qui glaçait aussi vite qu'elle tombait, poussa le fugitif dans une grange, où, rampant sous le foin, il resta, dormant doucement pendant que ses vêtements séchaient sur lui.

Les bruits des voix du fermier et de ses hommes nourrissant le bétail et faisant les travaux, réveillèrent l'homme de son sommeil, qui, voyant qu'il faisait jour, craignit d'être arrêté. Cependant, la journée passa, et le fugitif, sortant à la tombée de la nuit, reprit son pénible voyage, prenant pour guide l'Étoile Polaire, et après avoir voyagé toute la nuit, il se reposa de nouveau, mais cette fois dans la forêt.

Trois jours de jeûne avaient maintenant forcé Caton à avoir faim, de sorte qu'il résolut une fois de plus de chercher de la nourriture. Attendant la nuit, il arriva sur la grande route et s'approcha bientôt d'une ferme de style ancien, construite en rondins. La douce saveur du souper attira l'attention de l'homme affamé alors qu'il approchait de la demeure. Pour une fois, il n'y avait pas de chien pour annoncer sa venue, et il eut l'occasion de contempler l'intérieur de la maison, à travers les ouvertures que présente généralement une cabane en rondins.

Alors que le fugitif se tenait debout, un œil regardant à travers la *fente* , regardant la table déjà dressée et reniflant la délicieuse odeur d'une marmite bouillante, il entendit la mère dire : « Enlevez le poulet, Sally Ann, je suppose que le les boulettes sont cuites. Votre père sera à la maison dans une demi-heure ; s'il attrape ce nègre et l'emmène avec nous, nous le nourrirons de viande froide et de pommes de terre.

Le cœur palpitant, Caton écoutait les dernières phrases qui sortaient des lèvres de la femme. Qui pourrait bien être le « nègre », pensa-t-il.

Ne trouvant que la femme et sa fille dans la maison, l'homme noir se demandait s'il devait ou non entrer et exiger une partie du contenu de la bouilloire. Cependant, le discours sur « l'arrestation d'un nègre » réglait immédiatement la question pour lui.

Saisissant un drap qui pendait à la corde à linge, Caton s'en couvrit ; laissant juste assez d'ouverture pour lui permettre de voir, il se précipita à l'intérieur en criant à haute voix : « Venez au jugement ! Venez au jugement.

Les deux femmes bondirent de leur siège et, en criant, sortirent de la pièce, renversant la table au passage. Caton saisit d'une main le pot de poulet et de l'autre une miche de pain tombée de la table ; Quittant précipitamment la maison et reprenant la route, il continua son voyage.

Cependant le fugitif n'avait parcouru qu'un peu de distance lorsqu'il entendit le bruit des chevaux et la voix des hommes ; et, craignant de les rencontrer, il se dirigea vers les bois jusqu'à ce qu'ils soient passés.

Alors qu'il se cachait derrière un grand arbre au bord de la route, Caton entendit distinctement :

« Et quel est le nom de votre maître ?

« Peter Johnson, monsieur », fut la réponse.

"Combien penses-tu qu'il donnera pour te ramener ?"

"Je ne sais pas, ser", répondit une voix que Caton reconnut par la langue comme étant celle d'un nègre.

Il était évident qu'un esclave fugitif avait été capturé et qu'il était sur le point d'être rendu pour la récompense. Il était également évident pour Caton que l'esclave avait été attrapé par le propriétaire de la marmite de poulet à l'étouffée qu'il tenait alors à la main, et il éprouva un frisson de joie en revenant sur la route et en poursuivant son voyage.

CHAPITRE XIV.

EN 1850, il y avait cinquante mille personnes de couleur libres dans les États esclavagistes, la plupart résidant en Louisiane, au Maryland, en Virginie, au Tennessee et en Caroline du Sud. Dans tous les États, ces personnes bénéficiaient de peu de privilèges, mais peu de privilèges n'étaient pas accordés aux esclaves ; et pour beaucoup, leur état était considéré comme encore pire que celui des esclaves. Des lois, les plus odieuses, communément connues sous le nom de « Code noir », furent promulguées et appliquées dans tous les États. Celles-ci prévoyaient le châtiment des personnes de couleur libres – châtiment qui n'était pas mentionné dans la common law pour les blancs ; pour avoir lié les mineurs, une espèce d'esclavage, et nommé trente-deux délits de plus pour les noirs que ceux qui avaient été édictés pour les blancs, et dont huit équivalaient à la peine capitale pour les délits commis.

L'opinion publique, qui est souvent plus forte que la loi, s'est montrée extrêmement sévère. Dans de nombreuses villes du Sud, y compris Charleston, Caroline du Sud, une dame de couleur, libre et propriétaire de la belle maison dans laquelle elle vivait, n'était pas autorisée à porter le voile dans la voie publique.

En passant dans les rues, les noirs des deux sexes étaient obligés de sortir, sous peine d'être jetés dans la rue ou envoyés au cachot et fouettés.

Pas plus tard qu'en 1858, un mouvement fut lancé dans plusieurs États du Sud pour leur imposer un impôt exorbitant, au lieu duquel ils devaient être vendus comme esclaves à vie. Le Maryland a commencé par présenter à l'Assemblée législative un projet de loi par M. Hover, du comté de Frederick, visant à prélever un impôt de deux dollars par an sur tous les habitants masculins de couleur de l'État âgés de plus de vingt et un ans et de moins de cinquante-cinq ans. , et d'un dollar sur chaque femme de plus de dix-huit ans et de moins de quarante-cinq ans, qui sera collecté par les collecteurs des impôts de l'État et *consacré à l'usage de la Société de Colonisation* . En cas de refus de payer d'un propriétaire ou d'une femme de ménage, ses biens devaient être saisis et vendus ; s'il n'était pas propriétaire, le corps du non-payeur devait être saisi et loué au moins-disant qui accepterait de payer l'impôt ; et s'ils ne parvenaient pas à embaucher ces délinquants, ils devaient être vendus à toute personne qui paierait le montant des taxes et des frais correspondant à la durée de service la plus basse !

Le Tennessee a suivi dans la même direction. La protestation annexée de l'un de ses plus nobles fils, le juge Catron, parut à l'époque. Il a dit:

« Mon objection au projet de loi est *qu'il propose de commettre un outrage, de perpétrer une oppression et une cruauté* . C'est la pure vérité, et il est vain de mâcher des mots pour adoucir les faits. Regardons la proposition avec audace en face. Cette partie déprimée et impuissante de notre population est conçue pour être chassée, ou réduite en esclavage à vie, et ses biens confisqués, car aucun esclave ne peut détenir de propriété. Les mères doivent être vendues ou éloignées de leurs enfants, dont beaucoup sont des nourrissons. Les enfants seront liés jusqu'à l'âge de vingt et un ans, puis quitteront l'État ou seront vendus ; ce qui veut dire qu'ils doivent en fait devenir esclaves à vie. Or, parmi ces femmes et ces enfants, il n'y en a guère un sur dix qui soit de sang nègre pur. Certains sont à moitié blancs ; beaucoup ont une mère à moitié blanche et un père blanc, ce qui représente un casting de 87 1-2-100èmes de sang blanc ; beaucoup ont une troisième croix, chez laquelle le sang nègre est presque éteint ; telle est la triste vérité. Cette description de gens qui sont nés libres et ont vécu comme des personnes libres, doivent être introduits comme esclaves dans nos familles ou dans nos quartiers nègres, pour y être sous la direction d'un surveillant, ou ils doivent être vendus au commerçant nègre. et envoyés vers le Sud, là pour être fouettés par les surveillants — *et prêcher la rébellion* dans les quartiers nègres — comme ils *prêcheront* la rébellion partout où ils pourraient être poussés par cette loi injuste, que ce soit parmi nous ici au Tennessee ou au sud de nous sur les plantations de coton et de sucre, ou dans les réunions pour l'abolition dans les États libres. Les femmes ne seront pas non plus les moins efficaces pour prêcher une croisade, lorsqu'elles mendient de l'argent dans le Nord, pour soulager leurs enfants, laissés en esclavage dans cet État.

« On nous dit que ce 'projet de loi sur les nègres libres' est une mesure politique et populaire. Où est-il populaire ? *Dans quel coin ou coin de l'État les principes d'humanité sont-ils si déplorablement déficients qu'une majorité de l'ensemble des habitants commettrait un outrage qui n'est pas commis dans un pays chrétien dont l'histoire rend compte ?* Dans quel pays, de ce côté-ci de l'Afrique, la majorité a-t-elle asservi la minorité, vendu les faibles aux forts et utilisé le produit de la vente pour éduquer les enfants du côté le plus fort, comme le propose ce projet de loi ? Il s'agit d'une affirmation ouverte selon laquelle « le plus fort fait le bien ». Il rouvre la traite négrière africaine. Dans ce commerce, les forts capturent les faibles et les vendent ; et il en sera de même ici, si cette politique est mise en œuvre.

Dans certains États, la loi a été promulguée et la population chassée ou vendue. Ceux qui étaient en mesure de payer leur voyage sont repartis ; ceux qui ne pouvaient pas réunir les moyens étaient condamnés à languir dans l'esclavage jusqu'à ce qu'ils soient libérés par la rébellion.

À peu près au même moment, en Géorgie, en Floride et en Caroline du Sud, de gros efforts étaient déployés pour rouvrir la traite négrière africaine. Lors de la Convention de l'État Démocratique, tenue dans la ville de Charleston, Caroline du Sud, le 1er mai 1860, M. Gaulden prononça le discours suivant : -

« Monsieur le Président, chers collègues démocrates : — Comme je vous l'ai dit il y a quelques instants, j'ai été confiné dans ma chambre par une grave indisposition, mais apprenant l'agitation et l'intense excitation qui régnaient autour des questions soumises à cet organe, J'ai estimé qu'il était de mon devoir, aussi faible que j'étais, de me traîner jusqu'à la réunion de ma délégation, et lorsque j'y suis arrivé, j'ai été surpris de constater qu'une large majorité de cette délégation votait pour se séparer immédiatement de cet organe. Je ne suis pas d'accord avec ces messieurs. Je regrette d'être en désaccord avec mes frères du Sud sur aucune des grandes questions qui intéressent notre pays commun. Je suis un homme des droits des États du Sud ; Je suis un marchand d'esclaves africain. Je crois que je fais partie de ces hommes du Sud qui croient que l'esclavage est juste, moralement, religieusement, socialement et politiquement. (Applaudissements.) Je crois que l'institution de l'esclavage a fait plus pour ce pays, plus pour la civilisation, que tous les autres intérêts réunis. Je crois que si ce pays avait le pouvoir d'abolir l'institution de l'esclavage, la civilisation reculerait de deux cents ans. Je vous le dis, chers démocrates, le marchand d'esclaves africain est le véritable homme de l'Union. (Acclamations et rires.) Je vous dis que la traite des esclaves en Virginie est plus immorale, plus antichrétienne à tous points de vue possibles, que cette traite des esclaves africains qui va en Afrique et amène ici un homme païen et sans valeur. fait de lui un homme utile, le christianise et l'envoie, lui et sa postérité, suivre le cours du temps pour se joindre aux bénédictions de la civilisation. (Acclamations et rires.) Maintenant, chers collègues démocrates, autant qu'il y ait eu d'expression publique d'opinion sur l'État de Virginie, le grand État négrier de Virginie, ils sont tous opposés à la traite des esclaves africains. »

Dr Reed , de l'Indiana.—Je viens de l'Indiana et j'y suis favorable.

M. Gaulden. — Maintenant, messieurs, on nous dit, de haute autorité, qu'il existe une certaine classe d'hommes qui s'attaquent à un moucheron et avalent un chameau. Or, Virginie, qui autorise l'achat des hommes chrétiens, les séparant de leurs femmes et de leurs enfants, de toutes les relations et associations au milieu desquelles ils ont vécu pendant des années, lève les yeux avec une sainte horreur quand j'irais en Afrique acheter un sauvage, et lui faire découvrir les bénédictions de la civilisation et du christianisme. (Acclamations et rires.)

M. Rynders , de New York.—Vous pouvez faire venir avec vous une ou deux recrues de New York.

Le Président. —Le temps de parole de monsieur est écoulé. (Cris de « Vas-y ! continue ! »)

Le Président déclare que si tel est le souhait unanime du Congrès, monsieur peut procéder.

M. GAULDEN. — Maintenant, chers démocrates, la traite négrière en Virginie constitue une raison puissante et puissante pour son opposition à la traite négrière africaine, et par cette remarque je n'ai pas l'intention de manquer de respect à mes amis de Virginie. Virginie, la Mère des États et des hommes d'État, la Mère des Présidents, je le crains, peut se tromper aussi bien que d'autres mortels. Je crains que son erreur à cet égard ne soit due aux incitations du tout-puissant dollar. J'ai eu la chance d'aller dans ce noble vieil État pour acheter quelques noirs, et j'ai dû payer de mille à deux mille dollars par tête, alors que je pouvais aller en Afrique et acheter de meilleurs nègres pour cinquante dollars pièce. . (Grands rires.) Maintenant, il est incontestablement dans l'intérêt de la Virginie de mettre fin à la traite négrière africaine alors qu'elle peut vendre ses nègres pour deux mille dollars. Elle sait que la traite négrière africaine briserait son monopole, d'où son objection. Si l'un d'entre vous, démocrates du Nord – car j'ai plus confiance en vous qu'en la démocratie des chevaliers du tapis du Sud – veut rentrer chez moi avec moi dans ma plantation en Géorgie, mais à quelques pas d'ici, je vous montrerai quelques noirs. que j'ai achetés dans le Maryland, certains en Virginie, certains au Delaware, certains en Floride, certains en Caroline du Nord, et je vous montrerai aussi le pur Africain, le Romain le plus noble de tous. (Grand rire.) Maintenant, chers collègues démocrates, ma santé fragile et ma voix défaillante m'exhortent à mettre un terme aux quelques remarques que j'ai à faire. (Cris de « Allez ! continuez ! ») Je suis seulement désolé de ne pas être dans une meilleure condition que je ne le suis pour justifier aujourd'hui devant vous les paroles de vérité, d'honnêteté et de droit, et pour vous montrer les incohérences flagrantes du Sud à cet égard. Je viens du premier district du Congrès de l'État de Géorgie. Je représente les intérêts de cette section en matière de traite négrière africaine. (Applaudissements.) Je suis fier de la position que j'occupe à cet égard. Je crois que le marchand d'esclaves africain est un vrai missionnaire et un vrai chrétien. (Applaudissements.)

Tel était le sentiment dans une grande partie du Sud à l'égard de l'esclavage des nègres.

CHAPITRE XV.

LE succès des propriétaires d'esclaves dans le contrôle des affaires du gouvernement national pendant une longue série d'années, fournissant une grande majorité des présidents, des présidents de la Chambre des représentants, des ministres des Affaires étrangères et façonnant toute la politique de la nation en faveur La possession d'esclaves et le fait reconnu que personne ne pouvait obtenir un poste dans le gouvernement national s'il était connu pour être opposé à cette institution *particulière*, faisaient que les sudistes se sentaient supérieurs au peuple des États libres. Ce sentiment se manifestait souvent par un accès de langage intempérant, qui se manifestait fréquemment en chaire, à la tribune et dans le salon. Dans toutes ces occasions, placer l'institution de l'esclavage au-dessus de la liberté semblait être le but de ses partisans.

"Le principe de l'esclavage est en soi juste et *ne dépend pas de la différence de teint* ", a déclaré le Richmond (Va.) *Enquirer*.

Un éminent homme d'État du Sud s'est exclamé :

« Faites du travailleur l'esclave d' *un seul* homme, au lieu de l'esclave de la société, et il s'en portera bien mieux. » "L'esclavage, *noir ou blanc*, est juste et nécessaire." « *La nature a fait des faibles d'esprit ou de corps des esclaves.* »

Un autre dit :

« Société *libre* ! Nous en avons marre du nom. Qu'est-ce qu'est-ce sinon un conglomérat de *mécaniciens graisseux*, *d'opérateurs sales*, *d'agriculteurs aux petits poings* et de théoriciens fous ? Tous les États du Nord, et en particulier les États de la Nouvelle-Angleterre, sont *dépourvus d'une société adaptée aux gentlemen bien élevés*. La classe dominante que l'on rencontre est celle des mécaniciens qui luttent pour être distingués et des petits agriculteurs qui accomplissent leurs propres corvées ; et pourtant qui ne sont guère aptes à s'associer avec le serviteur [esclave] du corps d'un gentleman. C'est votre société libre.

Les insultes proférées à John P. Hale et Charles Sumner au Sénat des États-Unis, ainsi qu'à Joshua R. Giddings et Owen Lovejoy à la Chambre des représentants, étaient telles qu'aucun corps législatif au monde n'aurait permis, à l'exception d'un corps contrôlé par des esclaves. -Conducteurs. Je donne ce qui suit, qui peut être considéré comme un bon échantillon des *bulldozers* de cette époque.

À la Chambre nationale des représentants, l'hon. O. Lovejoy, député de l'Illinois, s'exprimait contre l'extension de l'esclavage dans les territoires, lorsqu'il fut interrompu par M. Barksdale, du Mississippi...

« Ordonnez à ce scélérat au cœur noir et à ce voleur de nègres de prendre place. »

Par M. Boyce, de Caroline du Sud, s'adressant à M. Lovejoy...

"Alors comporte-toi bien."

Par M. Gartrell, de Géorgie, (à son siège)—

"Cet homme est fou."

Par M. Barksdale, du Mississippi, encore une fois...

"Non monsieur; vous êtes là aujourd'hui, un méchant infâme et parjure.

Par M. Ashmore, de Caroline du Sud...

"Oui; c'est un méchant parjure, et il se parjure toutes les heures où il occupe un siège à cet étage.

Par M. Singleton, du Mississippi...

"Et un voleur nègre par-dessus le marché."

Par M. Barksdale, du Mississippi, encore une fois...

"J'espère que mon collègue ne pourparlera pas avec ce voleur nègre parjure."

Par M. Singleton, du Mississippi, encore une fois...

"Non monsieur; n'importe quel gentleman aura du temps, mais pas un misérable aussi mesquin et méprisable que celui-là.

Par M. Martin, de Virginie...

« Et si tu viens parmi nous, nous ferons avec toi ce que nous avons fait avec John Brown : te pendre aussi haut qu'Haman. Je dis cela en tant que Virginien.

L'hon. Robert Toombs, de Géorgie, prononça un violent discours au Sénat, en janvier 1860, dans lequel il dit :

« Ne permettez jamais que ce gouvernement fédéral passe entre les mains traîtres du parti républicain noir. Il a déjà déclaré la guerre à vous et à vos institutions. Il commet chaque jour des actes de guerre contre vous ; elle vous a déjà obligé à vous armer pour votre défense. N'écoutez « pas de vains bavardages », pas de jargon perfide sur les « actes manifestes » ; ils ont déjà été engagés. Défendez-vous; l'ennemi est à votre porte ; N'attendez pas de le rencontrer à la pierre du foyer, mais de le rencontrer sur le seuil de la porte et de le chasser du temple de la liberté, ou d'abattre ses piliers et de l'entraîner dans une ruine commune.

De tels sentiments et d'autres similaires exprimés dans le Sud, et même par les Sudistes lors de leur séjour dans les États libres, contribuèrent beaucoup à élargir la brèche et à provoquer le conflit armé qui suivit bientôt.

CHAPITRE XVI.

LA nuit était sombre, la pluie tombait en torrents des nuages noirs et surplombants, et le tonnerre, accompagné d'éclairs vifs, résonnait terriblement lorsque j'entrais dans une cabane de nègres en Caroline du Sud. La pièce était remplie de Noirs, dont un groupe entourait une table en carton grossier, et devant elle était assis un vieil homme tenant à la main une montre que tous regardaient attentivement. Un gros garçon noir tenait une torche qui éclairait la cabane, et près de lui se tenait un soldat yankee, vêtu du bleu de l'Union, lisant la Proclamation de liberté du Président.

À l'approche de midi, un silence de mort régna et le détenteur de la montre dit : « À l'heure où je compte dix, il sera minuit et delan sera libre. Un, deux, trois, quatre, cinq, six, sept, huit, neuf... » Juste à ce moment-là, une forte musique s'éleva du banjo accroché au mur, et à ce son toute la compagnie, comme par arrangement préalable. , se jetèrent à genoux, et le vieil homme s'écria : « Oh, mon Dieu, la montre était un peu trop lente, mais vos promesses et votre miséricorde arrivent à temps ; Vous avez promis qu'un de vos anges viendrait et nous donnerait un signe, et aucun signe n'est venu. Nous sommes reconnaissants, O, nous sommes reconnaissants, O, Seigneur, envoie ton ange une fois pour donner ce doux son.

À ce moment-là, un autre son de banjo se fit entendre, et un éclair violent fut suivi d'un coup de tonnerre, comme on n'en entend que sous les tropiques. Les nègres se levèrent simultanément et se mirent à chanter ; Après avoir terminé un seul couplet, ils tombèrent tous à genoux, et oncle Ben, le vieil homme aux cheveux blancs, les conduisit de nouveau en prière, et une prière telle que peu d'entre eux, en dehors de cette race blessée, auraient pu donner. Se levant, le chef commença à chanter :

"Oh! frères, mon chemin, mon chemin est nuageux, mon chemin,
va envoyer ces anges.
Oh! frères, mon chemin, mon chemin est nuageux, mon chemin,
va envoyer ces anges.
Il y a du feu à l'est et du feu à l'ouest,
envoyez ces anges.
Un feu parmi les méthodistes,
oh, envoie ces anges.
Ole Sa-tan est fou, et je suis content,
envoie ces anges.
L'âme qu'il pensait avoir lui manquait,
oh, envoie ces anges.
Je vais vous le dire maintenant, comme je l'ai déjà dit :
envoyez ces anges.

Vers la terre promise, je dois y aller,
oh, envoie ces anges.
C'est l'année du jubilé,
envoie les anges.
Le Seigneur est venu pour nous libérer,
ô, envoie ces anges.

Encore une courte prière de l'oncle Ben, et ils se levèrent, se serrèrent autour du cou, s'embrassèrent et commencèrent à crier : « Gloire à Dieu, nous sommes libres. »

Une autre douce note de l'instrument de musique fut suivie d'un silence haletant, puis l'oncle Ben dit : « Les anges du Seigneur sont toujours avec nous, et ils nous surveillent, la vieille Sandy nous a dit il y a un mois qu'ils serait."

J'étais convaincu lorsque la première tension musicale est arrivée, qu'il s'agissait simplement d'une vibration des cordes, provoquée par le vent impétueux à travers l'ouverture entre les bûches derrière le banjo. Craignant que les Noirs n'attribuent la musique à quelque mystérieuse Providence, je leur ai clairement expliqué la cause.

"Oh, non," dit rapidement l'oncle Ben, ses yeux s'éclairant alors qu'il parlait, "c'est venu des anges. Nous l'avons vu tout le temps. Nous savons que les anges ont frappé les cordes du banjo.

La nouvelle de la musique jouée par cet instrument sans le contact de mains humaines se répandit bientôt dans tout le quartier, et en peu de temps la cabane fut remplie de visiteurs, qui tournèrent immédiatement leur attention vers le banjo accroché au mur.

Toutes sortes d'histoires furent bientôt introduites pour prouver que les visites angéliques étaient courantes, en particulier pour ceux qui avaient la chance d'en porter « témoignage ».

« L'ordre du Seigneur est venu me voir cette nuit dans mon sommeil et m'a dit que j'allais être libre, et que le Seigneur enverrait un de ses anges pour me donner l'avertissement. Et quand le banjo sonnait, je savais que mon cher Marster tenait sa parole », a déclaré oncle Ben.

Une vieille femme parmi les visiteurs inspira longuement et déclara qu'elle avait été soulevée trois fois de son lit la nuit précédente ; "Je savais", a-t-elle poursuivi, "que l'ange angélique planait autour de nous."

"J'ai laissé tomber une fourchette aujourd'hui", a déclaré un autre, "et elle est restée coincée dans la cheminée, juste devant mon visage, et c'est une bonne chance pour moi."

"Le mulet m'a donné des coups de pied trois fois ce matin et il n'a jamais fait ça de sa vie", a déclaré un autre, "et je savais que la chance viendrait avec ça."

"Un lapin a traversé mon chemin à deux reprises alors que je venais de la branche samedi, et j'ai eu le sentiment que quelque chose de puissant allait se produire", a fait remarquer la femme d'oncle Ben.

« J'avais un signe qui me montrait clairement que vous seriez tous libres », dit le soldat yankee, resté silencieux depuis la lecture de la proclamation. Tous les regards se tournèrent instantanément vers l'homme blanc du Nord, et une demi-douzaine de voix s'écrièrent simultanément : « Ô, M. Solger, qu'est-ce que c'était ? Qu'est-ce que c'était? Qu'est-ce que c'était?"

"Eh bien," dit l'homme en bleu, "j'ai vu quelque chose sur un grand drap blanc..."

"C'était un goos ?" » s'écria l'oncle Ben, avant que le soldat ait fini de prononcer sa phrase. La question de l'oncle Ben au sujet d'un fantôme a déclenché un certain nombre de personnes qui se sont levées, et beaucoup ont tremblé en se regardant en face et en regardant le soldat, qui semblait sentir l'importance de sa position.

Ned, le garçon qui tenait le flambeau, a commencé à raconter une histoire de fantômes, mais il a été immédiatement arrêté par l'oncle Ben, qui lui a dit : « Bougez votre mouf, ne voyez-vous pas que monsieur ne nous a pas dit ce qu'il voit. dans le « drap blanc ? »

«Eh bien», commença encore le soldat, «j'ai vu sur une grande feuille de papier une proclamation imprimée du président Lincoln, semblable à celle que je viens de lire, et cela m'a convaincu que vous seriez tous libres aujourd'hui. .»

Tout le monde en fut déçu, car tous étaient préparés à une histoire de fantômes, dès la première remarque sur la « feuille blanche » de papier. Oncle Ben sourit, eut l'air un peu sage et dit: "Je vois que c'est un truc Yankee que vous nous avez donné, M. Solger."

Le rire de l'homme en bleu ne fut arrêté que par l'oncle Ben entonnant l'hymne suivant, auquel toute la compagnie se joignit :

« Une tempête se prépare à De Souf,
une tempête se prépare maintenant.
Oh! écoute, et ferme ton mouf,
Et je te dirai comment :
Et je te dirai comment, vieux garçon,
La tempête de feu se déversera,

Et fera chanter les noirs de joie,
Comme ils ne chantent jamais auparavant.

« Alors ferme ta bouche aussi près que possible,
et vous tous, négros, vous trouez la respiration,
et les blancs sont-ils bruns ! »

« Les noirs de Norf sont ris,
et ils descendent –
et descendent, je sais qu'ils le sont,
pour faire brunir les blancs !
Ils transformeront le vieux Massa en herbe,
et libéreront les négros,
et quand ce jour viendra,
nous serons tous osés voir !

« Alors fermez votre mouf aussi près que possible,
et vous tous, négros, vous trouez la respiration,
et je vous dirai comment.

« Toute la semaine, la tanière sera aussi gaie
que le temps de Noël ;
 Nous danserons toute la nuit et toute la journée,
et ferons sonner le banjo,
et ferons sonner le banjo, je pense,
et passerons le temps,
avec rien à manger et rien à boire,
et pas un peu à payer !

"Alors fermez votre mouf aussi près que sourd,
et vous tous, négros, trouez votre souffle,
et faites sonner le banjo."

Cependant, il y avait dans cette compagnie un homme d'une quarantaine d'années qui, comme un grand nombre d'esclaves, avait été séparé très tôt de ses parents et qui suivait maintenant le sillage de l'armée de l'Union, dans l'espoir de rencontrer certains de ces très chers.

C'était Mark Myers. À l'âge de vingt ans, il s'enfuit de Winchester, en Virginie, et bien que poursuivi par des limiers, il réussit à s'échapper. Les poursuivants revinrent et rapportèrent que Mark avait été tué. Cette histoire était crue par tous.

Maintenant que la guerre avait ouvert la voie, Mark était venu du Michigan, comme serviteur d'un des officiers ; Mark suivit l'armée jusqu'à Harper's Ferry, puis monta à Winchester. Vingt ans avaient provoqué un vaste changement, et bien que né et élevé là-bas, il n'en trouva que peu qui puissent lui dire quoi que ce soit sur les anciens habitants.

"Allez dans une vieille cabane à la périphérie de la ville, et bien sûr, vous trouverez le vieux Unkel Bob Smart, et il connaît tout le monde, un homme, un garçon, qui vit ici depuis quarante ans", a déclaré une vieille femme dont il a parlé. s'enquit. En toute hâte, Mark se dirigea vers la « vieille cabane » et y trouva « Unkel Bob ».

«Vous dites que votre nom est Mark Myers, et que votre maman s'appelle Nancy», répondit le vieil homme aux questions que lui posait Mark.

"Oui", fut la réponse.

"Eh bien, mon fils," continua l'oncle Bob, "les nègres de Myers ont tous été vendus aux commerçants au moment du début de la guerre, septin parmi les vieux qu'ils ne pouvaient pas vendre, et je vois que ta maman en est une. C'est ce que les commerçants ne voulaient pas. Maintenant, mon fils, tu vas chez Redman, et il me semble que ta recherche d'Oman est terminée, chérie.

Remerciant Oncle Bob, Mark se dirigea vers la ferme désignée par le vieil homme. En arrivant là-bas, on lui dit que « tante Nancy vivait à Yarder sur De Wess Road ». Se dirigeant vers la cabane basse en rondins, il entra et trouva la femme.

"Est-ce que c'est tante Nancy Myers?"

"Oui, monsieur, c'est moi."

«Aviez-vous un fils nommé Mark?»

"Oui, c'est ce que j'ai fait, et c'était un bon garçon, pauvre gars." Et là, la vieille femme essuya ses larmes avec le coin de son tablier.

"Je suis venu vous apporter de bonnes nouvelles à son sujet."

"Bonne nouvelle pour qui ?" demanda la femme avec empressement.

"Bonne nouvelle pour votre fils Mark."

"Oh! Non; tu ne peux pas m'apporter de bonnes nouvelles concernant mon fils, mais tu les apportes de Hebben, parce que je sens qu'il n'est pas bien, parce qu'il n'a rien souffert quand les chiens l'ont tué, pour aller à Hebben.

Mark avait déjà reconnu sa mère, et ne pouvant plus le cacher, il lui saisit la main et dit :

« Mère, tu ne me connais pas ? Je suis votre fils Mark, perdu depuis longtemps.

Émerveillée par cette nouvelle soudaine, la femme trembla comme une feuille, les larmes coulèrent librement et elle dit :

«Mon fils, Mark, a eu une profonde entaille au bas de son pied gauche, qu'il emportera avec lui dans sa tombe. Si tu es mon fils, montre-moi la marque.

Aussi vite qu'il le pensait, Mark ôta sa botte, se jeta sur le sol et leva le pied. La vieille femme essuya ses lunettes, les mit, vit la marque de la profonde entaille ; puis elle s'évanouit et tomba à côté de son fils.

Les voisins affluèrent des huttes environnantes, et bientôt la cabane fut remplie d'une foule enthousiaste, qui restait debout dans un silence haletant pour entendre chaque mot qui devait être prononcé. Tandis que la vieille femme se réveillait et ouvrait les yeux, elle dit en tremblant :

"Mon fils, c'est toi."

« Oui, maman, répondit le fils, c'est moi. Quand je me suis enfui, le vieux maître a mis les chiens sur ma trace, mais j'ai sauté dans le ruisseau, j'ai pataugé sur une certaine distance, et de cette façon les chiens ont perdu l'odeur et je leur ai échappé.

« Eh bien, » dit la vieille femme, « dans mes prières, j'ai demandé à Dieu de me permettre de vous rencontrer à Hebben, et il me l'a promis ; mais Il fait mieux que Sa promesse.»

"Maintenant, maman, j'ai une maison pour toi dans le Nord et je suis venue t'y emmener."

Les quelques biens qui valaient la peine d'être emportés de la cabane des esclaves furent bientôt emballés, et avant que l'obscurité n'ait recouvert le pays, la mère et le fils étaient en route vers le Nord.

CHAPITRE XVII.

PENDANT et à la fin de la Rébellion, une question semblait éclipser toutes les autres ; c'était l'égalité des Noirs. Pendant que les armées étaient sur le champ de bataille, celui-ci était le grand épouvantail parmi tant d'autres qui épousaient chaleureusement la cause du gouvernement et qui approuvaient toutes ses mesures, à cette seule exception près. Ils souhaitaient sincèrement que les rebelles soient dépossédés de leurs biens. Ils souhaitaient que tous les moyens soient utilisés pour assurer notre succès sur le terrain, y compris l'émancipation. Mais ils pâliraient aux mots « égalité nègre » ; tout comme si la libération d'une race et la garantie de ses droits personnels, politiques, sociaux et religieux nous obligeaient à accueillir ces gens dans nos maisons et à leur donner des places dans notre cercle social, au-delà de ce que nous leur accorderions. d'autres parfaits inconnus. Aucun partisan de l'égalité des Noirs n'a jamais exigé que les Noirs deviennent des animaux de compagnie. Les protéger dans leurs droits naturels, légaux et acquis, c'est tout ce qu'ils demandent.

L'égalité sociale est une condition de la société qui doit se créer elle-même. Il existe des familles de couleur résidant dans chaque État du Sud, dont l'éducation et la position sociale sont bien supérieures à celles d'une grande partie de leurs voisins blancs. Les contraindre à s'associer avec ces Blancs serait une grave erreur. Alors, fini ce discours fondé sur la haine du peuple blessé. Accordez à la race de couleur du Sud une protection égale devant la loi, et nous leur dirons ensuite :

"Maintenant, pour gagner le prix social,
pagayez sur votre propre canoë."

Mais ce tollé autour de l'égalité des Noirs émane généralement d'une aristocratie de mauvaise qualité ou d'une classe sans instruction, plus effrayée par les capacités et le travail des Noirs que par leur couleur qui déteint sur eux, des hommes dont les prétentions à l'égalité sont si fragiles qu'il faut les ignorer. clôturé et protégé par tous les gardes possibles ; tandis que le vrai noble ne craint pas que sa réputation soit compromise par toute association qu'il choisirait de former. Il en va de même pour beaucoup de ces hommes qui craignent la concurrence noire. Conscients de leur propre infériorité par rapport à la masse de l'humanité et conscients du fait qu'ils n'existent et ne prospèrent qu'à l'aide d'avantages fortuits, ils regardent avec jalousie tout nouveau rival ou concurrent et utilisent tous les moyens, justes ou injustes, pour maintenir leur position. les hors du marché.

Le même genre d'opposition a été formulé contre l'introduction du travail féminin dans l'une quelconque des diverses branches de l'industrie. Par conséquent, les femmes ont toujours été discriminées. Ils ont été limités à un petit éventail d'emplois ; leurs salaires ont été maintenus à un niveau bas ; et beaucoup de ceux qui seraient parfaitement compétents pour remplir les fonctions de commis ou de comptables, ou pour gagner de bons salaires dans quelque branche industrielle, ont été poussés par leurs nécessités soit au suicide, soit à la prostitution.

Mais la nation, connaissant les Sudistes comme eux, consciente de la haine profonde envers les Blancs du Nord, et de la haine encore plus profonde envers leurs ex-esclaves, qui ont contribué à effacer l'institution de l'esclavage, il était du devoir de la nation, ayant autrefois Il a revêtu l'homme de couleur des droits de citoyenneté et lui a promis dans la Constitution une protection totale de ces droits, afin de tenir cette promesse de la manière la plus sacrée. La question, bien qu'elle soit investie des actions du caractère le plus sacré, n'est pas sans difficultés et embarras. Sous la politique adoptée par les démocrates dans les derniers États insurrectionnels, le citoyen de couleur a été soumis à un règne de terreur qui l'a privé de la jouissance de ses droits et le laisse tout aussi nul en politique, à moins qu'il n'obéisse à leurs ordres. comme il l'était lorsqu'il était en esclavage. Dans l'état actuel des choses, alors que, s'il était correctement protégé dans ses droits, il détiendrait la suprématie politique dans le Mississippi, la Géorgie, la Caroline du Sud, la Louisiane, l'Alabama et la Floride, il n'a que peu ou pas de voix au sein des États ou du gouvernement national.

A cause de la peur, de l'intimidation, des assassinats et de toutes les horreurs que la barbarie peut inventer, tous les droits des nègres dans les États du Sud sont aujourd'hui supprimés. La soumission totale aux Blancs est la seule façon pour l'homme de couleur de vivre en paix.

EMBLÈMES DU KU-KLUX.

Depuis quelque temps, on parlait beaucoup d'une « guerre des races », mais la guerre était entièrement du côté des Blancs. L'affranchi a succombé à la force brutale, et par conséquent la guerre des races est suspendue ; mais qu'il tente de faire valoir ses droits de citoyenneté, comme le fait l'homme blanc au Nord, selon les exigences de sa propre conscience et de son sens du devoir, et les mains sanglantes du Ku-Klux et de la Ligue blanche apparaîtront dans toutes leurs actions. des horreurs une fois de plus – le « rêve passé » redeviendrait une triste réalité.

CHAPITRE XVIII.

IMMÉDIATEMENT après la fin de la rébellion, les affranchis de tout le Sud, désireux sans aucun doute d'être pleinement convaincus qu'ils étaient réellement libres et leurs propres maîtres, et qu'ils pouvaient aller où ils voulaient, quittèrent leurs maisons à la campagne et s'installèrent dans les villes. et les villes. Ceci, bien entendu, les a mis en faillite, et un grand nombre d'entre eux pouvaient être vus flânant paresseusement sur les marches du palais de justice, de l'hôtel de ville ou d'autres bâtiments du comté, ou errant nonchalamment dans les rues. Qu'ils en soient capables leur paraissait une preuve positive qu'ils étaient réellement libres. Cependant, ils ne tardèrent pas à découvrir qu'ils ne pouvaient pas vivre sans travail et que le seul travail qu'ils comprenaient était à la campagne, dans les plantations. En conséquence, ils retournèrent dans les fermes et, dans de nombreux cas, chez leurs anciens maîtres. Pourtant, le vieil amour de visiter les villes et les villages est resté, et ils ont pris l'habitude de quitter leur travail le samedi et de se rendre à l'endroit le plus proche d'eux. C'est pour cette raison que le samedi a été surnommé « la journée des nègres » dans la plupart des États du Sud.

A ces occasions, ils vendent leur coton ou autres produits, font leur commerce, ayant généralement deux cruches, l'une pour la mélasse, l'autre pour le whisky, indispensables à la visite. Les commerçants se préparent le samedi matin et déposent leurs produits les plus brillants et les plus colorés dans les vitrines ou sur le devant de leurs comptoirs. Les boutiques juives mettent leurs marchands ambulants à leurs portes, et les bars, les salons de billard et autres lieux de divertissement, tenus pour leur logement spécial, soit par des hommes de leur propre race, soit par des Blancs, sont tous prêts pour une course supplémentaire.

Lors d'une visite dans l'État de l'Alabama, pendant un certain temps, j'ai eu l'occasion de voir les gens de couleur dans cette section dans diverses circonstances. C'était à l'automne et j'étais à Huntsville. Les principales maisons de commerce de la ville sont situées sur une place qui entoure le palais de justice, et, tôt le matin, celle-ci est remplie de gens de couleur de toutes classes et de toutes nuances. Le samedi, ils sont souvent deux mille à la fois dans les rues. A midi, la foule était la plus nombreuse, et jusque-là, de nouveaux chariots chargés d'hommes, de femmes et d'enfants arrivaient continuellement. Ils venaient non seulement en chariots, mais aussi à cheval, à mulet et à pied. Leur tenue vestimentaire et leur apparence générale étaient très différentes. Certains étaient vêtus d'un vêtement étrange fait de morceaux de vieilles couvertures militaires, quelques-uns portaient des pardessus militaires délavés, qui étaient généreusement fournis avec des pièces d'autres tissus. Les femmes, contrairement à leurs maris et autres parents masculins, étaient habillées de toutes les manières imaginables. Tous étaient ornés de rubans multicolores. Ils portaient des bijoux Pinchbeck en grande quantité. Quelques jeunes filles montraient un peu de goût dans la disposition de leur toilette ; et certains d'entre eux portaient des vêtements coûteux. Mais celles-ci étaient des « nègres des villes » et ne trouvaient que peu de faveur aux yeux des filles de la campagne . À leur arrivée, les agriculteurs ont attelé leurs chariots délabrés et leurs mules osseuses près du palais de justice, puis ont commencé à se débarrasser du coton et des autres produits qu'ils avaient apportés en ville.

Pendant que les hommes vendent leurs effets, les femmes vont de magasin en magasin, regardant les nombreux vêtements criards que des commerçants rusés ont étalés pour tenter leur fantaisie. Dès que « la récolte » est écoulée et qu'un fermier noir a de l'argent en poche, son premier acte est de payer le marchand auprès duquel il s'est approvisionné pendant l'année. Ils sont parfois imprévoyants et ignorants, mais il faut dire, à leur honneur, qu'en tant que classe, ils paient toujours leurs dettes dès qu'ils sont en mesure de le faire. Le pays ne serait pas aussi démuni si un plus grand nombre d'hommes blancs suivaient leur exemple à cet égard. Lorsqu'ils ont réglé tous leurs comptes et réglé leurs futures factures, ils partent à la recherche de leurs femmes, qui sont généralement aux aguets. Ils se rendent ensuite dans une salle à manger, commandent un repas coûteux, finissant toujours par des tartes, des puddings ou des conserves, et souvent avec les trois. Lorsqu'ils ont rassasié leur appétit, ils se rendent d'abord dans les merceries. Ici, comme dans d'autres magasins, ils sont accueillis par des hommes blancs obséquieux, qui les conduisent immédiatement dans une pièce située à l'arrière ou à côté, dont sont approvisionnés la plupart des magasins. Au début, je ne parvenais pas à comprendre le mystère de cette cérémonie. Cependant, après une enquête minutieuse, j'ai découvert que, depuis la guerre, des commerçants sans scrupules, dont certains étaient des hommes du Nord, ont pris l'habitude de donner aux nègres de la campagne qui viennent acheter autant de whisky qu'ils souhaitent en boire. Cela se fait dans les arrière-boutiques que j'ai mentionnées, et lorsque les malheureux hommes et femmes noirs sont privés de la moitié de leur esprit par les choses ignobles qui leur sont servies, ils sont incités à acheter toutes sortes de marchandises inutiles et coûteuses.

Dans leurs moments les plus sobres, les femmes de couleur moyennes ont une passion pour les robes aux couleurs vives qui équivaut presque à de la folie, et, dans les occasions que j'ai mentionnées, elles ne cessent d'acheter jusqu'à épuisement de leur argent. Leurs maris n'ont que peu ou pas de contrôle sur elles et sont obligés, qu'ils le veuillent ou non, de voir la plupart de leurs durs gains gaspillés dans une veste inutilisable, un bonnet fragile ou un châle multicolore. J'ai vu une femme noire dépenser plus de trente dollars en articles de chapellerie. En recevant son paquet des mains du commis grimaçant, elle dit en riant :

"Je déclare au Seigneur que j'ai fini d'arrêter mon vieux, bien sûr."

« Peu importe, dit le commis, il peut travailler pour plus. »

"Bien sûr", répondit la femme, puis elle sortit du magasin.

Les hommes ne valent guère mieux que les femmes dans leur extravagance. J'ai vu sur la place un homme qui avait marchandé une mule dont il avait grand besoin et qu'il comptait acheter dès qu'il aurait vendu son coton. Il accepta de payer cinquante-sept dollars pour l'animal et fouilla dans sa poche pour trouver l'argent, mais ne trouva que seize dollars. S'assurant qu'il n'en avait plus, il dit :

« Eh bien, eh bien, ce n'est pas le nègre le plus sauvage que j'aie jamais vu ; J'ai vendu deux balles de coton par jour, et j'ai reçu cent vingt-deux dollars, et maintenant je n'ai plus que ça. Ici, il éclata de rire et dit :

"Ole Mule, je te veux vraiment, mais je vais devoir te laisser passer ce temps."

Pendant que les grands marchands vendaient leurs produits et vidaient leurs chariots, ceux qui avaient des légumes et des fruits les vendaient dans différents quartiers de la ville. Un homme avec un grand panier sur la tête arriva dans une des rues principales en criant :

"Bonjour, chérie, dans la cave, j'ai des œufs frais, jess fum de poule, pose-les ce matin pour la maison ; les voici, de gros aggs de poule, pas cher. C'est votre moment. Dees aggs est frais et bon, et fera des agg-nog à petit prix. C'est le moment de faire un agg-nogg avec de nouveaux aggs dedans ; tout est posé ce matin. Ici, il posa son panier comme pour reposer sa tête. Apercevant un domestique de couleur à l'une des fenêtres, il cria :

« Tiens, ma sœur, voici les œufs frais ; Les voilà, de gros aggs, une grosse poule, tout ce qu'elle pourrait faire pour les pondre. C'est votre moment ; ne soyez pas stupide et ne ratez pas cette chance.

À ce moment-là, un homme avec un chariot chargé de trucs est arrivé, et sa voix a complètement exclu l'homme avec « de nouveaux aggs ».

« Tiens, s'écria-t-il, voici ta belle courge d'hiver, taters, — taters irlandais, taters sucrés, taters Carliner. Grande Maison, chérie, Grande Maison, fais attention au remontoir ; voici vos jolis choux, pommes de terre, pommes de terre sucrées, courges. Il est maintenant temps de les acheter à bas prix. Demain, c'est Noël, et vous en aurez envie, rivage.

L'homme avec le panier d'œufs sur la tête, et qui avait été réduit au silence par la voix accablante de l'homme « tater », appela l'autre : « Maintenant, je pense que tu ferais mieux d'aller dans une autre rue. J'ai trimballé des trucs toute la journée et je ne gêne personne.

"Je veux savoir, est-ce que c'est ta rue ?" » demanda l'homme « tater ».

"Non; mais j'adore le Seigneur, j'ai quelques bonnes manières avec moi. Mais, alors, je ne pouvais plus vous embêter, car je vous connaissais avant la guerre ; tu étais un de ces nègres bon marché, gros salaud, tu n'as jamais goûté un peu de pain blanc avant la guerre, et tu ne savais pas que c'était du pain.

« Eh bien, alors, si vous faites autant d'histoires dans la rue, j'en sortirai ; ce n'est rien d'autre qu'une rue de seconde main, pas comment », dit l'homme « tater » et il partit en criant « des taters, des taters sucrés, des taters irlandais et des courges ».

En passant dans une rue où les gens de couleur sont largement représentés, je rencontrai un autre chef colporteur. Cet homme avait une baignoire sur la tête et chantait d'une voix musicale :

« Voici vos chitlins, frais et sucrés,
qui va rejoindre l'Union ?
 Les chitlins des jeunes porcs sont difficiles à battre,
qui va jine de Union ?
Chitlins méthodistes, j'ai juste été embêté,
qui va rejoindre l'Union ?
C'est vrai, des chitlins frais, ils ne sont pas renversés,
qui va rejoindre l'Union ?
Chitlins baptistes par la livre,
qui va rejoindre l'Union ?
Aussi gentils chitlins que jamais trouvés,
qui va jine de Union ?

« Voici vos chitlins, issus de bon gros porc ; Jess, des chitlins aussi doux que jamais. Dees chitlins vous feront arroser le mouf pour les regarder. Venez les voir.

À ce moment-là, l'homme ôta la baignoire de sa tête et l'assit pour répondre à une femme qui avait contesté son droit de les appeler « chitlins baptistes ».

"Parce que tu veux dire que ce sont des chitlins de Baptiss ?"

"Oui, maman, je veux dire que ce sont de vrais chitlins baptistes, et rien d'autre."

"Est-ce qu'ils sont issus d'un porc Baptiss ?" demanda la femme.

"Oui, maman, ces chitlins sortent d'un porc baptiste."

« Comment tu as compris ça ? »

"Eh bien, vous voyez, ce porc a été élevé par M. Roberson, un baptiste à carapace dure, le maïs avec lequel le porc était engraissé a également été élevé par des baptistes, il a été tué et habillé par Geemes Boone, et vous savez tous que il est le plus grand baptiste qui ait jamais existé.»

"Eh bien," dit la femme, comme si elle était parfaitement satisfaite, "donnez-moi deux livres."

Au moment où l'homme avait terminé son explication et pesé son sort, il était complètement entouré de femmes et d'hommes, qui avaient presque tous leur plat pour obtenir le morceau de choix.

"Maintenant", dit un homme à l'air plutôt solide. "Maintenant, je veux quelques chitlins de Meth-diss dont tu parles."

« Les voici, ser.

"Quoi", a demandé l'acheteur, "vous les sortez tous de la même baignoire ?"

"Oui", répondit rapidement le vendeur.

"Pouvez-vous leur dire en les regardant?" » demanda l'homme potelé.

"Oui monsieur."

"Comment tu leur dis?"

"Eh bien, monsieur, les chitlins baptistes en ont plus dans l'eau, vous voyez, et ils sont un peu plus blancs."

"Mais, comment sais-je que c'est Meth-diss ?"

«Eh bien, monsieur, ce porc a été élevé par l'oncle Jake Bemis, l'un des méthodistes les plus criants de Sion. Eh bien, vous voyez, monsieur, l'enclos à porcs était juste à côté de la maison, et ce porc savait si bien que quand oncle Jake allait prier, si ce porc couinait, il s'arrêterait. Eh bien, monsieur, vous pouviez à peine obtenir un grognement de ce porc jusqu'à ce qu'oncle Jake soit en train de prier. Maintenant, messer, si cela ne fait pas de lui un porc méthodiste, qu'est-ce qui le fera ?

« Pesez-moi quatre livres, ser.

"Voici vos chitlins frais, vos chitlins baptistes, vos chitlins méthodistes, tous bons et sucrés."

Et au bout d'une heure, le colporteur, son baquet vide sur la tête, sortait de la rue en chantant :

« Chitlins méthodistes, chitlins baptistes,
qui rejoindra l'Union ? »

Apprenant que les producteurs de coton de couleur devaient se réunir ce soir-là, à quelques kilomètres de la ville, et étant invité à y assister, j'ai saisi l'occasion. Une trentaine de personnes étaient rassemblées, et en entrant dans la pièce, je les entendis chanter :

Chantez vos louanges ! Bénis de Lam !
Gagner beaucoup d'argent !
Cotton est en colère, c'est vrai !
Les gens, n'est-ce pas drôle ?

REFRAIN. —Lève-toi, brille, rends gloire à Dieu.
[*Répétez* la gloire.]

Tu ne penses pas qu'il vaut mieux pleuvoir ?
Peut-être l'était-il un peu ;
Peut-être qu'un vieil ouragan
s'est déclenché dans le kittle !— *Refrain.*

Le craps a échoué en Egypte...
Dites-le dans les journaux ;
Peut-être un peu de légèreté de la main
'Mong de specerlaters.— *Refrain.*

Ne vous fiez pas aux vues solennelles ;
Continue à fumer ton pot,
Stan' up squah dans tes propres chaussures -
Gardez de debble chokin' ! - *Refrain.*

Va me chercher du jus de tater !
Arrêtez ce sourire impertinent !
Dévissez ce bouchon, nettoyez-le —
Gardez vos yeux à l'œil ! — Refrain.

Bonne chance à l'Egypte !
J'espère qu'elle n'échoue pas !
Je déteste voir mon homme
Straddle ob de pailin' ! — Refrain.

L'église s'est remplie ; la réunion s'est bien déroulée et des mesures ont été prises pour protéger les cultivateurs de coton, montrant que ces gens, nouvellement libérés et sans instruction, veillaient à leurs intérêts.

En effectuant une visite éclair au Tennessee, je me suis arrêté à Columbia, la capitale du comté de Maury. À Redgerford Creek, à huit kilomètres de Columbia, vit Joe Budge, un homme avec cent enfants. N'en ayant jamais rencontré avec une telle famille, je résolus de faire une visite à monsieur et de satisfaire ma propre curiosité.

Cet individu distingué est âgé de soixante et onze ans, de forte constitution, de sang pur, et a passé sa vie en esclavage jusqu'à la fin de la guerre.

« Combien d'enfants avez-vous, M. Budge ? » J'ai demandé.

"Cent, ser", fut la réponse rapide.

« Est-ce qu'ils sont tous vivants ?

"Non, monsieur."

« Combien de femmes aviez-vous ? »

"Treize, ser."

« Aviez-vous plus d'une épouse à un moment donné ?

"Oh, oui, messer, presque tous étaient en vie quand la guerre a éclaté."

"Comment ça s'est passé, la loi vous permettait-elle d'avoir plus d'une femme à la fois ?"

"Eh bien, vous voyez, patron, je n'étais pas sous la loi, je suis sous Marser."

« Avez-vous été marié à toutes vos femmes par un pasteur ?

"Non, monsieur, seulement cinq par le prédicateur."

"Comment as-tu épousé les autres?"

"Ober de balai et sous la couverture."

« Comment cela s'est-il déroulé ? »

"Eh bien, vous voyez, messer, ils se rassemblent tous dans les quartiers, et un homme saisit un bout du balai et une femme prend le trou du tudder, et ils creusent le balai, et " L'homme et l'Oman qui veulent se marier sautent dessus et se glissent ensuite sous une couverture, ils éteignent la lumière et tout s'éteint et les laisse sortir. "

"À quel point vos femmes étaient-elles proches l'une de l'autre ?"

"Marser avait des plantations antérieures, et ils vivent d'elles, mais ils ne les vendent pas."

« Votre maître a-t-il vendu certaines de vos femmes ?

« Ô ! oui, messer, quand ils sont devenus trop vieux pour avoir des enfants. Vous voyez, j'ai élevé des esclaves sur le marché, et mes stocks étaient considérés comme très bons, car j'étais très fort et je pouvais faire beaucoup de travail.

« Vos enfants vous ont-ils été vendus ?

« Oui, monsieur, j'en vois trois un jour pour deux mille dollars pièce ; vous voyez que ce sont des hommes adultes.

« Avez-vous choisi vos femmes ?

"Je ne sais pas ce que tu veux dire par ce mot."

"Avez-vous choisi les femmes que vous vouliez?"

« Ô ! non, monsieur, je n'avais rien à dire à ce sujet. Les allergiques à Marser les attrapent et choisissent des jeunes femmes fortes et chaleureuses. C'est la raison pour laquelle les planteurs voulaient avoir mes enfants, parce qu'ils étaient si sains.

"N'avez-vous jamais pensé que c'était mal de vous marier d'une manière aussi légère ?"

"Non, monsieur, si vous voyez, j'ai porté le témoignage avec moi."

"Que veux-tu dire par là?"

"Eh bien, monsieur, j'avais une religion, et ça m'a fait sentir que tout allait bien."

« Quel était le témoin dont vous parliez ? »

« Mon changement de cœur, monsieur, est le témoignage que je porte dans mon sein ; et quand un homme a ça, il ne craint rien, pas eben de debble lui-même.

"Alors tu sais que tu as le témoin ?"

"Oui, monsieur, je le mets ici." Et à ce moment-là, M. Budge posa la main sur son cœur et leva les yeux vers le ciel.

« Je présume que votre maître n'a fait aucune profession de religion ?

« Ô ! oui, monsieur, vous pariez qu'il avait une religion. Il était l'homme le plus rapide de l'église, et il était appelé très puissant dans la prière.

« Est-ce qu'une de vos femmes habite près de chez vous actuellement, à l'exception de celle avec laquelle vous vivez ?

"Oui, ser, Dar a cinq ans dans ce comté, mais ils sont tous mariés maintenant à des mamelles."

« Avez-vous beaucoup de petits-enfants ?

"Oui, monsieur, quand mes relations sont toutes plus nombreuses, ils sont au nombre d'environ quatre cents, à ce que je sache."

" Connaissez-vous d'autres hommes qui ont eu autant d'enfants que vous ? "

"Non, monsieur, ils m'appellent le patron papa dans cette partie de l'État."

Ayant satisfait ma curiosité, j'ai souhaité le bonjour à M. Budge.

CHAPITRE XIX.

PASSANT une partie de l'hiver 1880 au Tennessee, j'ai commencé à étudier le caractère des gens et de leurs institutions. J'ai vite appris qu'il existait une haine intense de la part des Blancs envers la population de couleur. En regardant le passé, cela s'explique facilement. Les Blancs plus âgés, élevés dans le luxe, éduqués pour se croire supérieurs à la race qu'ils dirigent, volontaires, arrogants, déterminés, habiles à manier les armes de poing, riches – possédant l'intégralité du contrôle politique de l'État. — se sentant également supérieur aux citoyens des États libres, — ce peuple fut appelé à se soumettre à une race ignorante, superstitieuse et pauvre, — une race sans foyer ni moyen de s'en procurer ; voir les charges de l'État occupées par des hommes choisis parmi cet ensemble servile faisait que ces Blancs se sentaient profondément dégradés aux yeux du monde. Leur pouvoir avait disparu, mais leur fierté restait. Ils se soumirent en silence, mais « attendirent leur heure » et dirent : « Peu importe ; nous allons encore rendre votre enfer chaud.

Les Noirs sentaient leur importance, voyaient leur propre pouvoir dans la politique nationale, étaient interviewés par des hommes blancs obséquieux et timides du Nord – des hommes, dont beaucoup étaient moralement bien inférieurs aux nègres. Des hommes blancs de seconde zone, à deux visages, du Sud, peu nombreux il est vrai, pendaient comme des sangsues aux noirs. Parmi ces derniers se trouvait une proportion respectable d'hommes libres – libres avant la Rébellion ; ceux-ci étaient relativement bien instruits ; c'est vers eux et vers la meilleure classe d'affranchis que le pays devait chercher un travail solide. Dans les différentes législatures des États, la grande bataille devait être livrée, et c'est sur elles que se concentraient les intérêts du Sud. Toutes les législatures étaient composées principalement d'hommes de couleur. Non seulement les quelques Blancs qui s'y trouvaient n'étaient d'aucune utilité pour les Noirs, mais il aurait été préférable pour le caractère de ces derniers et pour le pays dans son ensemble, que la plupart d'entre eux aient été dans une prison d'État.

Les hommes de couleur entraient dans les législatures un peu comme les enfants vont pour la première fois à l'école du sabbat. Ils se sont assis et ont attendu de voir « le spectacle ». Beaucoup avaient été élus par des circonscriptions, dont pas plus de dix sur cent pouvaient lire les bulletins de vote déposés ; et un grand nombre de ces représentants ne savaient pas écrire leur propre nom.

Ce n'était pas de leur faute. Leur manque d'éducation était imputable au système d'esclavage par lequel ils étaient passés, et l'absence des Blancs instruits et intelligents du Sud n'était pas la faute des hommes de couleur.

C'était une position éprouvante pour les Noirs récemment affranchis, mais ils ont noblement surmonté les circonstances. Les discours prononcés par certains de ces hommes révélaient une profondeur de pensée, des envolées d'éloquence et un sens politique civilisé qui rejetaient leurs anciens maîtres loin au second plan. Pourtant, parmi les bonnes actions, des projets de loi ont été présentés et adoptés, accordant une aide d'État à des objets indignes, de vieilles sociétés usées regalvanisées, des projets de loi pour de nouvelles fraudes scandaleuses rédigés par des hommes blancs et présentés par des noirs ; des votes des deux couleurs ont été achetés, des projets de loi ont été adoptés, de l'argent a été accordé, et ces hommes ignorants ont été félicités comme « hommes d'État ».

Pendant que cette « Comédie des Erreurs » était jouée dans le Sud et bruyamment applaudie dans le Nord, ces hommes très septentrionaux, qui avaient hurlé jusqu'à leur faire mal à la gorge, se seraient évanouis à l'idée qu'un nègre soit élu membre de leur propre législature. .

Peu à peu, la réaction est venue. Les Blancs privés de leurs droits du Sud se soumettent mais se plaignent. Hommes et femmes du Nord, ces dernières, toujours les plus influentes, sympathisaient avec le chien en dessous. Alors que le vent tournait, les aventuriers blancs revinrent du Sud avec des tas de billets verts et dirent qu'ils avaient spéculé sur le coton ; mais leurs voisins savaient qu'il avait été volé, car ils avaient été membres des législatures du Sud.

Tandis que les marchands de tapis du Nord se précipitaient vers leurs chenils avec leurs gains mal acquis, les politiciens de couleur du Sud conduisaient des chevaux rapides, leurs femmes dans leurs belles voitures ; et les hommes qui, cinq ans auparavant, travaillaient dans les champs de coton sous le fouet, pouvaient désormais tirer des chèques de plusieurs milliers de dollars.

Cette extravagance des Noirs, suivie de lourdes taxes, rappela aux vieux sudistes leur défaite dans la Rébellion ; cela faisait naître des pensées de vengeance ; La sympathie du Nord les a enhardis au Sud, ce qui a donné naissance aux organisations du Ku-Klux et au règne de la terreur qui maudit le Sud depuis lors.

Le rétablissement des rebelles au pouvoir et la soumission des gens de couleur à leurs mains, après avoir utilisé ces derniers dans la guerre et dans les urnes, créant ainsi une inimitié entre les races, est l'ingratitude la plus flagrante dont l'histoire rende compte. .

Après tout, les dix années de législation nègre dans le Sud remettent en question l'étude la plus approfondie de l'humanité. L'histoire n'enregistre pas un cas similaire. Cinq millions d'individus incultes et avilis, sans aucune préparation aucune, mis en liberté en un seul jour, sans verser une goutte de sang, sans brûler une grange, sans insulter une seule femme. Ils reconstruisirent les gouvernements des États que leurs maîtres avaient détruits ; Ils sont devenus législateurs, ont occupé des postes dans l'État et, malgré toutes leurs erreurs, ont surpassé les Blancs qui les avaient précédés. Les générations futures s'émerveilleront de la calme patience, du bon sens et du zèle chrétien du Noir américain du XIXe siècle.

Rien n'a été laissé de côté pour paralyser leurs énergies, assombrir leur esprit, avilir leur sens moral et effacer toute trace de leurs relations avec le reste de l'humanité ; et pourtant, comme ils ont merveilleusement supporté le lourd fardeau de l'oppression sous laquelle ils gémissaient depuis des milliers d'années.

Après avoir examiné l'histoire des deux races, j'ai pu facilement voir la cause de la grande antipathie de l'homme blanc envers le noir, ici au Tennessee. Ce sentiment a été illustré avec le plus de force par un incident survenu un jour alors que je me trouvais devant la Knoxville House, à Knoxville. Un bel homme de couleur, bien habillé, s'est approché d'un homme blanc, d'une manière sérieuse, et a commencé à lui parler, mais avant qu'il ait fini de poser sa question, le blanc a levé sa canne et, avec beaucoup de force, l'a renversé. Le chapeau de l'homme noir, et avec un serment dit : « Ne savez-vous pas mieux que de parler à un homme blanc avec votre chapeau, où sont vos manières ? Le nègre reprit son chapeau, le tint à la main et reprit la conversation.

J'ai demandé au gentleman de couleur avec qui je parlais, quelles étaient les parties ; il a répondu : « L'homme blanc est un agent immobilier et l'homme de couleur est l'hon. M. ——, ancien membre de l'Assemblée générale.

Ce sentiment de race s'exprime avec encore plus de force dans l'attaque ignoble de John Warren, de Huntingdon. La femme de ce voyou, alors qu'elle traversait une des rues de cette ville, fut accidentellement heurtée par Miss Florence Hayes, qui lui présenta de nombreuses excuses, et qui auraient été acceptées par n'importe quelle dame bien élevée. Cependant, Mme Warren ne se contenterait que de la punition de la jeune femme. Par conséquent, l'ancien esclavagiste aux deux poings, grossier, rude et grossier, s'est rendu à la résidence de Miss Hayes, a été admis et, sans un mot de cérémonie, a saisi la jeune femme par les cheveux et a commencé à la battre avec son poing. et lui donner des coups de pied avec ses lourdes bottes.

Ce n'est que lorsque sa victime gisait prostrée et insensée à ses pieds que ce démon cessa ses coups. Miss Hayes enseignait à l'école de Huntingdon lorsque cet outrage a été commis, et l'attaque barbare était si grave qu'elle a été obligée de retourner chez elle à Nashville, où elle a été confinée dans sa chambre pendant plusieurs semaines. Pourtant, ni la loi ni l'opinion publique n'ont pu atteindre ce monstre.

Quelques jours après l'assaut, le paragraphe suivant parut dans le Huntingdon *Vindicator* :

« Les événements des deux dernières semaines dans la ville de Huntingdon devraient prouver de manière concluante aux citoyens de couleur qu'il existe une certaine ligne de démarcation entre eux et les Blancs qu'ils ne peuvent franchir en toute impunité. L'incident qui nous incite à écrire cet article est la raclée qu'un homme blanc a infligée à une femme de couleur la semaine dernière. Sans vouloir entretenir un esprit d'anarchie dans cette communauté , mais animés par le désir de voir le nègre rester à sa place, nous conseillons aux hommes blancs du monde entier de *défendre leurs droits* et de ne céder en aucun cas un pouce aux empiètement d'une race inférieure.

« Défendez leurs droits », selon cet éditeur, signifie pour le lâche voyou blanc de renverser toute femme de couleur qui ne cède pas tout le trottoir à lui ou à sa femme.

J'ai eu la chance de rencontrer à plusieurs reprises Miss Florence T. Hayes, la jeune femme mentionnée ci-dessus, et je n'ai jamais été en contact avec une personne plus réservée et plus féminine de ma vie. Elle est étudiante au Tennessee Central College, où elle jouit d'une réputation intacte, et est considérée par tous ceux qui la connaissent comme possédant des dons intellectuels bien supérieurs à ceux de la jeune femme blanche moyenne du Tennessee.

Passant une nuit à la campagne, nous venions de nous lever de table lorsque mon hôte dit :

« Écoutez, Mingo raconte comment il a reconverti sa fille ; écoutez, vous entendrez une histoire riche et vraie. M. Mingo habitait la pièce voisine.
"Oui, Mme Jones, mon dard est à la maison avec moi, et j'ai eu une dure épreuve avec elle, je peux vous le dire."
« Qu'y avait-il, M. Mingo ? demanda le visiteur.
«Eh bien, vous voyez, Fanny vit désormais à Philamadelfy, et c'est une Oman très changée dans ses manières. Quand elle entra dans la maison, elle courut vers sa maman et lui dit : « Oh ! mar, je suis extrêmement heureux de vous saluer. Puis elle a couru vers moi et sed, — 'O ! par, et embrasse-moi. Eh bien, tout cela était bien suffisant, mais voir jusqu'à deux mètres de sa robe traîner derrière elle sur le sol, c'était trop, et c'était aussi de la soie. Cela m'a fait mal au cœur. Et moi,—'Fanny, tu es très sauvage, tu traînes toute cette soie sur le sol de cette façon.' « Ó ! » dit-elle, "c'est la mode, par." Den, tu vois, j'étais inquiet pour elle. J'avais peur qu'elle tombe, car elle portait une paire de bottes avec les talons les plus hauts que je vois toujours dans ma vie, ce qui la faisait marcher comme si elle marchait sur la pointe des pieds. Den, elle était entièrement couverte de rubans et de volants.

« Quand nous nous mettons à table, Fanny mange avec sa fourchette, et quand elle voit sa sœur mettre le couteau dans sa moufle, elle dit : « Ne mets pas ton couteau dans ta bouche ; c'est vulgaire. Le lendemain matin, elle a sorti des graines de sa poche, les a mises dans une tasse en fer blanc et a versé de l'eau chaude dessus. Et moi : « Fanny, tu es malade, et tu veux prendre des médicaments ?

« Ô ! non, par, c'est des graines de coing, pour faire du chewing-gum.

« 'Qu'est-ce que c'est que ça ?' J'ai supprimé.

« Eh bien, par, c'est pour faire des vagues grecques sur mon front. Certains les appellent « pétoncles ». Nous, les dames de la ville, les fabriquons. Vous voyez, par exemple, nous peignons nos cheveux en petites vagues, et la gomme les fait coller près du front. Toutes les dames blanches de la ville en portent ; c'est la mode.

«Eh bien, vous voyez, Mme Jones, je pouvais supporter tout cela, mais quand nous allions à la prière, je demandais à Fanny de diriger la prière; et quand cette fille s'est mise à genoux et a sorti de sa poche un livre sur tranche dorée et a lu une prière, alors j'avais fini, je me suis dit s'il était possible que mon dard soit arrivé à ça. Alors, une fois la prière terminée, je dis : « Fanny, quel genre de religion as-tu ? Sed elle, — « Eh bien, par, je suis une Piscopion. » 'C'est quoi ça?' J'ai supprimé. «C'est le service de l'Église anglaise. Alors vous n'êtes plus méthodiste ? 'Ô ! non, dit-elle, être Piscopion, c'est à la mode.

« Arrêtez, M. Mingo », dit Mme Jones ; « De quel genre de religion s'agit-il ? Est-ce Baptiss ?

« Non, non », répondit le vieillard ; « Si c'était Baptiss, alors je pourrais le supporter, la religion de Baptiss fera l'affaire quand vous ne pourrez pas aller mieux. Avec tous leurs défauts, je crois que de Baptiss peut entrer dans Hebben par une pression serrée. Kase, vous voyez, Mme Jones, je suis une Methodiss, et je crois à la religion d'antan, et je veux que mon enfant me rencontre à Hebben. Alors, je me suis mis à genoux et j'ai envoyé le Seigneur pour me montrer ma fierté envers Fanny, car je voulais la reconquérir à la religion d'antan. Eh bien, le Seigneur m'a tout expliqué clairement, et en suivant le message du Seigneur, je me suis levé et je suis sorti dans les bois, j'ai coupé quelques interrupteurs et je les ai mis dans la grange. Alors je dis à Fanny : « Viens, mon dard, à la grange ; Je veux vous offrir un cadeau que vous rapporterez à Philadelphie avec vous.

« 'Oui, par', dit-elle, car elle était en train de fixer du 'gum-stick-um' sur ses cheveux. Alors je suis allé à la grange, et très vite, Fanny est sortie. J'ai simplement fermé la porte, je l'ai fermée, j'ai démonté mes interrupteurs et je lui ai dit : « Quel genre de religion avez-vous ?

« 'Piscopion, par.' Alors, je commence, et j'ai donné un coup de fouet à cette fille, et elle a crié : « O ! par. Ô ! par, s'il te plaît, arrête, par.' Alors je la hache : « Quel genre de religion avez-vous ? » «Pis-co-copion», dit-elle. Alors je lui donne du meuglement, et je la hache à nouveau : « Quel genre de religion as-tu ? Elle dit : « Oh ! par, oh! par.' Sed I,—'Ne m'appelle pas "par". Appelez-moi de la bonne manière. Den, elle a dit : « Oh ! papa, oh! papa, je suis une Methodiss. J'ai une religion d'antan; s'il vous plaît, arrêtez et "je ne serai plus jamais un Piscopion."

« Alors, voyez-vous, Mme Jones, j'ai reconverti cette fille à la religion d'antan, qui est la meilleure de toutes les religions. Oui, le Seigneur a répondu à ma prière à ce moment-là, à l'aide des interrupteurs.

Je ne sais pas si la conversion de sa fille par Mingo l'empêcha ou non de rejoindre les épiscopaliens à son retour à Philadelphie.

CHAPITRE XX.

LA dégradation morale et sociale de la population de couleur des États du Sud est imputable à deux causes principales : leur mode de vie et leur religion. En traitant de ces causes, et particulièrement de la dernière, j'ai la certitude de m'ouvrir à la critique d'une classe nombreuse, sinon intelligente, de ceux sur lesquels j'écris. L'absence totale de connaissance des lois de la physiologie parmi les habitants colorés du Sud est proverbiale. Leurs petites maisons non aérées, dans les rues pauvres et les ruelles sombres, dans les villes et les villages, ainsi que les cabanes en rondins mal construites à la campagne, ne sont souvent pas adaptées aux chevaux. Une chambre de quinze pieds carrés, avec deux, et parfois trois lits, et trois ou quatre dans un lit, est courante dans le Tennessee.

Aucune commodité de bain, et souvent pas de vaisselle dans la maison, est la règle. Ce sont les mangeurs les plus invétérés du monde, mais ces gens n'ont aucune idée de cuisiner en dehors du porc, du hominy, du pain de maïs et du café. Oui, il y a encore un plat, c'est le tournesol des nègres du Sud, les choux.

Il est habituel de voir une femme venir du marché vers cinq heures du soir, avec un panier sous son châle, et dedans un morceau de porc, du lard, ou une demi-tête de porc, et une ou deux grosses têtes de porc. du chou et quelques patates douces. On les met à cuire immédiatement, et l'odeur de la marmite bouillante peut être exhalée à quelque distance.

Généreux à l'extrême, l'hôte invite tous ceux qui viennent chez lui à « s'arrêter pour souper ». Vers neuf heures, ils se mettent à table et consacrent une bonne heure au premier plat, puis aux raviolis aux pommes, puis au café et au gâteau. Très peu de légumes, à l'exception des choux et des patates douces, sont consommés par ces personnes. Par conséquent, il n'est pas rare qu'ils tombent malades parce qu'ils ne connaissent pas les lois de la santé. Le rassemblement d'un grand nombre de personnes dans les villes et les villages s'est avéré fatal.

Presque toutes les statistiques actuellement accessibles sur le sujet sont celles provenant des grandes villes du Sud, et elles ne semblent laisser aucun doute sur le fait que dans de tels centres de population, la mortalité des gens de couleur dépasse de beaucoup celle de la race blanche. A Washington, par exemple, où les Noirs jouissent de privilèges plus longs et plus nombreux que dans la plupart des villes du Sud, le taux de mortalité pour mille en 1876 était de 26,537 pour les Blancs ; pour les colorés 49.294 ; et l'année précédente, c'était un peu pire pour les noirs. A Baltimore, ville très saine, le taux de mortalité total pour 1875 était de 21,67 pour mille, dont 19,80 pour les Blancs et 34,42 pour les Métis. Dans une petite ville encore plus saine, Chattanooga, Tennessee, les statistiques des cinq dernières années donnent un taux de mortalité des Blancs à 19,9 ; des colorés, 37. Le meilleur résultat pour ces derniers, assez singulièrement, est fait à Selma, Alabama. Il vaut pour mille , blanc, 14,28 ; coloré, 18,88. A Mobile, dans le même État, la mortalité des Noirs était à peu près le double de celle des Blancs. La Nouvelle-Orléans, pour 1875, donne un taux de mortalité record de 25,45 pour les Blancs, à 39,69 pour celui des Noirs.

Les conférenciers de leur propre race, hommes et femmes, sur les lois de la santé, constituent le premier pas nécessaire.

Après avoir réglé la question avec son bacon et son chou, la chose la plus chère à un homme de couleur, dans le Sud, c'est sa religion. J'appelle cela une « chose », parce qu'ils parlent toujours d'acquérir une religion comme s'ils allaient la vendre sur le marché.

"Tu ferais mieux d'aller chercher la religion, c'est ce que tu ferais mieux de faire, car le diable sera là un de ces jours, et alors où seras-tu?" » a dit une sœur âgée qui se rendait au « Réveil » à St. Paul's, à Nashville, l'hiver dernier. L'homme à qui elle adressait ces conseils s'arrêta, leva son chapeau et répondit :

« Anty, je ne suis pas tout à fait prêt ce soir, mais je vais l'obtenir avant la fin des réunions, car quand ce jour de lever viendra, je veux avoir le témoin ; Ce que je fais."

« Oui, tu ferais mieux, si tu ne le fais pas, cela fera un grand bruit parmi les soufres, ce qu'ils feront, si tu n'es pas là, c'est du mauvais nuff ; Je sais que tu es un fou d'Isard, répondit la vieille dame.

L'église était déjà bien remplie et le ministre avait pris son texte. Alors que l'orateur s'échauffait dans son sujet, les sœurs ont commencé à balancer la tête et à chanceler d'avant en arrière, et ont finalement commencé à crier. Bientôt, ils furent cinq ou six à s'y mettre, ce qui mit la maison en ébullition. Les sièges furent bientôt libérés près des crieurs, pour leur donner plus de place, car les femmes ne voulaient pas que leurs chapeaux soient brisés par les sœurs en délire. Alors qu'une femme sautait sur son siège, levant ses longs bras en poussant un grand cri, la dame assise sur le siège voisin partit rapidement et ne s'arrêta que lorsqu'elle fut à une distance sûre.

« Ah, ah ! » s'écria une femme à proximité, « 'peur de ton nouveau bonnet ! Je n'ai pas beaucoup de religion, je pense. Tu devras en sortir si tu veux sauver ton âme.

"Elle pense plus à ce chapeau maintenant qu'à un siège au paradis", a déclaré un autre.

"Peu importe", a déclaré un troisième, "quand elle aura le témoin, elle drapera son chapeau et s'écriera à bout de souffle."

Les cris devinrent alors généraux ; une douzaine ou plus y entrent de bon cœur. Ces manifestations augmentaient ou diminuaient, selon les mouvements des chefs qui se trouvaient dans et autour de la chaire ; car le ministre avait terminé son discours, et d'abord l'un, puis l'autre se mettaient en prière. La réunion dura jusqu'à une heure tardive, pendant laquelle quatre ou cinq sœurs, épuisées, étaient tombées par terre et gisaient là, ou avaient été emmenées par leurs amies.

Saint-Paul est une belle structure, avec sa flèche baignée dans les nuages, et se dressant sur le terrain surélevé de South Cherry Street, c'est un bâtiment dont les citoyens peuvent bien être fiers.

Le soir, je suis allé à la première église baptiste, dans Spruce Street. Cette maison est de taille et de finition égales à celles de St. Paul. Une grande assemblée était présente et un jeune homme de Cincinnati a été présenté par le pasteur comme prédicateur du moment. Il pensait évidemment que mettre une congrégation aux cris était le point le plus élevé à atteindre, et il était à la hauteur de l'occasion. N'ayant pas réussi à pousser un bon cri malgré un effort raisonnable, il sortit de sa poche une lettre, l'ouvrit, la leva et commença : « Quand tu atteindras l'autre monde, tu seras à la recherche de ta mère, et l'ange le fera. lu dans cet article. Oui, l'ange lira ce papier.

Pendant dix bonnes minutes, le prédicateur marcha sur la chaire, répétant d'une manière forte et incohérente : « Et l'ange lira cette lettre. » Cela provoqua l'excitation la plus folle, et pas moins de dix ou quinze criaient dans différentes parties de la maison, tandis que quatre ou cinq allaient de siège en siège pour serrer la main des occupants des bancs. «Laissez cet ange descendre maintenant et lire cette lettre», cria une sœur à pleine voix. Ce fut le signal de fortes exclamations venant de diverses parties de la maison. "Oui, oui, je veux entendre la lettre." « Viens, Jésus, viens ou envoie un ange lire la lettre. » "Seigneur, envoie-nous le pouvoir." Et d'autres remarques remplissaient la maison. Le pasteur a hautement félicité cet effort, le qualifiant de « grand pouvoir », que le public a très cordialement approuvé. À la fin du service, l'étrange ministre reçut de chaleureuses poignées de main de la part d'un grand nombre d'hommes et de femmes dirigeants de l'Église. Et c'était l'une des congrégations les plus raffinées de Nashville.

Il sera difficile d'effacer de l'esprit du nègre du Sud l'idée dominante selon laquelle les manifestations extérieures, telles que les cris, le grand « amen » et le bruit le plus bruyant de la prière, ne sont pas des compléments nécessaires à la piété.

Une jeune femme de bonne éducation et raffinée, résidant dans l'Est du Tennessee, m'a dit qu'elle avait rejoint l'église il y a environ un an, et que ce n'est que lorsqu'elle a eu un moment de cri que la plupart de ses sœurs ont cru qu'elle avait « le Témoin ».

« Et tu as vraiment crié ? J'ai demandé.

"Oui. Je l'ai fait pour leur faire taire, car à presque chaque réunion, une ou plusieurs personnes disaient : « Sœur Smith, j'espère vivre assez longtemps pour vous voir montrer que vous avez le Témoin, car là où est la grâce de Dieu, il y aura criez , et plus tôt vous en arriverez à ce point, mieux ce sera pour vous dans le monde à venir.

Acquérir la religion, rejoindre une société bienveillante qui leur paiera des « indemnités de maladie » lorsqu'ils sont malades et les enterrer lorsqu'ils meurent, semble être le début, le but et la fin des désirs des gens de couleur du monde. Sud. A Pétersbourg, j'ai appris qu'il y avait trente-deux sociétés secrètes différentes dans cette ville, et j'ai rencontré des personnes qui étaient membres de quatre à la fois. Bien que de telles associations soient d'un grand bénéfice pour les imprévoyants, elles sont, dans l'ensemble, très préjudiciables. Ils suppriment toute mesure de relance visant à sécuriser les logements et à assurer l'avenir.

Comme un homme me l'a fait remarquer : « J'appartiens à quatre sociétés, celle des « Samaritains », celle des « Pêcheurs galléens », celle des « Fils de Moïse » et celle des « Sages de l'Orient ». Tout le monde me paie deux dollars par semaine quand je suis malade, et vingt-cinq dollars pour m'enterrer quand je meurs. N'est-ce pas bon ?

J'ai répondu que je pensais que ce serait bien mieux s'il mettait son argent dans une maison et s'instruisait.

"Eh bien," dit-il, "je suis satisfait, Kas, si j'ai mis de l'argent dans une maison, peut-être que quand je tomberai malade, un homme de mamelle pourrait traîner dans les parages et vouloir que je meure, et peut-être que le vieux Oman il voudrait peut-être que je parte aussi, et qu'il ne prenne pas soin de moi, qu'il me laisse mourir et que la ville m'enterre. Mais maintenant, voyez-vous, la s'iété m'enlève et m'enterre. Alors, maintenant, je vais bien pour ce travail et j'ai le témoin, et ça me répare pour hebben.

Tout cela était dit avec sérieux, démontrant que le frère avait le sens des affaires.

La détermination de ces dernières années à imiter les Blancs en érigeant des structures coûteuses pour le culte est très préjudiciable à notre peuple. À Petersburg, en Virginie, une société baptiste a démoli un bâtiment noble, de grande taille, pour faire place à un autre plus à la mode et plus coûteux, simplement parce qu'une Église sœur les avait surpassées en construisant un lieu de culte. Il est plus conforme à la piété et à la sincérité divine de dire que nous ne croyons pas qu'il y ait un élément qui sauve l'âme et honore Dieu dans des ornements aussi coûteux et inutiles pour les maisons dans lesquelles se réunir et adorer humblement dans la simplicité et la sincérité le vrai et le vrai. Dieu vivant, selon sa volonté révélée. Les personnes pauvres et laborieuses qui n'ont pas de logement propre et qui, dans de nombreux cas, n'ont pas d'emploi stable et rémunérateur, peuvent difficilement se permettre de payer cher pour des choses inutiles et voyantes qui ne les instruisent ni ne les édifient. La manière dont l'argent est collecté n'est pas non plus des meilleures, c'est le moins qu'on puisse dire. Car la majeure partie de l'argent, tant pour construire les églises que pour payer les ministres, est le dur gain des hommes dans les champs, au service, ou par nos femmes au lavoir. Lorsque notre peuple se réunissait et adorait dans des maisons moins coûteuses et ornementales, sa piété et sa sincérité étaient aussi bonnes qu'aujourd'hui, sinon meilleures. Avec plus de vernis à l'intérieur et moins d'ornements à l'extérieur, nous serions plus spirituels et moins soucieux du monde.

Les réunions de réveil et les heures tardives auxquelles elles ferment sont préjudiciables à la santé et à la morale. Beaucoup d'églises commencent en octobre et se poursuivent jusqu'aux vacances ; et recommençant à la mi-janvier, elles ferment en avril. Ils tiennent souvent les réunions jusqu'à onze heures ; parfois jusqu'à midi ; et dans certaines campagnes, ils ont continué plus tard. On m'a parlé d'une jeune femme qui avait perdu sa situation — une très bonne — parce que la famille ne pouvait pas se lever jusqu'à midi tous les soirs pour la laisser entrer, et qu'elle ne quittait pas sa réunion pour revenir plus tôt. Une autre source de dégradation morale réside dans le fait qu'un très grand nombre d'hommes, se disant « missionnaires », parcourent le pays de long en large, s'arrêtant le plus longtemps là où ils sont le mieux traités. Le « missionnaire » est généralement armé d'une recommandation d'un ministre en charge, ou en a une contrefaite, peu importe. Il est peut-être capable de lire suffisamment pour chanter un hymne, mais c'est à peu près tout.

Le journal qu'il porte parle de lui comme d'un homme « doué pour les efforts de réveil », et il se met aussitôt à organiser une réunion de réveil. Ce vagabond, car on ne peut l'appeler autrement, a généralement avec lui un livre de cantiques et un vieux sac à tapis décoloré et usé, avec peu ou rien dedans. Il reste à sa place aussi longtemps que les gens le veulent, ce qui dépend généralement de sa capacité à entretenir son enthousiasme. J'ai rencontré un essaim de ces paresseux partout dans le Sud, le plus grand nombre cependant se trouvant en Virginie occidentale.

Le seul remède à ce grand mal réside dans un ministère instruit, qui est fourni dans une mesure limitée. Il est cependant très difficile d'inciter les masses incultes et superstitieuses à accepter et à soutenir un ecclésiastique chrétien intelligent.

Le grand intérêt que l'on ressent dans le Sud pour l'éducation parmi les gens de couleur donne souvent lieu à des scènes d'humour particulières à cette race. Bénéficiant de l'hospitalité d'une famille de Virginie occidentale, je n'ai pas été peu amusé par les préparatifs faits pour l'accueil de leur fils aîné, absent six mois au Wilberforce College. Un dîner composé d'une dinde, d'une oie et de deux volailles, avec de nombreux accompagnements et des raviolis aux pommes en dessert, était sur la table à l'heure où le fils était attendu du train.

Un accident retarda tellement les voitures que nous étions à table et en train de dîner à mi-chemin, quand soudain la porte s'ouvrit brusquement, et devant nous se tenait l'espoir de la famille. La mère s'est levée d'un bond, a levé les mains et s'est exclamée : « Eh bien, eh bien, ce n'est pas Peter, maintenant. De Lord bress dat chili, hein, et comme il a l'air d'être universitaire. Jess, regarde-le, n'a-t-il pas l'air exalté ? Viens ici, dis minit, et embrasse ta maman.

Pendant cet agréable salut, Pierre se tenait près de la porte par où il était entré ; Vêtu de son uniforme d'université, petite casquette sur la tête, sac balancé sur le côté, parapluie dans la main gauche et cigare dans la droite, le sourire aux lèvres, il ressemblait à la personnification même de l'étudiant de Harvard. Le père de famille, tenant toujours son couteau et sa fourchette, était assis le visage rayonnant, tandis que les deux jeunes, profitant de l'occasion, se servaient des mets.

À l'appel, "Viens embrasser ta maman", Peter s'est avancé et a fait la gentille chose à tous sauf au plus jeune garçon, qui a dit: "Je ne peux pas t'embrasser maintenant, Pete, attends de manger des boulettes, alors Je vais t'embrasser.

Le dîner terminé, et Peter nous a raconté quelques récits humoristiques de la vie universitaire, pour le plus grand plaisir de sa mère, qui s'exclamait de temps en temps : « Bress de Chile, quelle période difficile il a dû vivre au collège. Et à quel point les garçons s'inquiètent pour lui. Eh bien, les gens doivent subir un tas de choses pour apprendre un livre, n'est-ce pas ?

La nuit, la maison était remplie pour voir le jeune homme du collège.

CHAPITRE XXI.

AUTREFOIS , avant qu'un coup dur ne soit porté lors de la Rébellion, les Blancs du Sud réfléchissaient et les Noirs faisaient le travail ; le maître planifiait et l'esclave exécutait. Cela ne convenait pas à la nouvelle dispensation qui arrivait rapidement et laissait chacun impuissant, sans l'autre.

Mais le nègre était le plus mal loti des deux, car il n'avait que ses mains, tandis que l'homme blanc avait son éducation, soutenue par les terres qu'il possédait. Qui peut s'étonner de l'imprévoyance et de la légèreté du nègre, alors qu'il n'a jamais reçu d'entraînement systématique, qu'il n'a jamais été contraint de faire face aux soucis de la vie ?

C'était le malheur de l'homme noir lorsqu'il avait conquis sa liberté, et apprendre à épargner et à gérer ses propres affaires paraissait à tous son premier devoir.

L'espoir de chacun semblait donc centré sur la Freedman's Saving Bank. « C'est notre banque », dirent-ils ; et à cette institution, les intelligents et les ignorants, le soldat fraîchement sorti du champ de bataille, le fermier, le journalier et la pauvre blanchisseuse, tous apportaient également leurs gains et les déposaient à la Freedman's Bank. Ce lieu sûr pour leur maigre magasin semblait être l'espoir de la course pour l'avenir. C'était une incitation pour un peuple qui n'avait jamais été autorisé auparavant à entrer dans une institution riche, sauf sur les traces de son maître, à apporter ou à emporter le sac d'argent que son propriétaire était trop fier ou trop paresseux pour « emporter ».

Le désir d'épargne des nègres était si grand que les dépôts à la Freedman's Bank passèrent de trois cent mille dollars en 1866 à trente et un millions de dollars en 1872 et à cinquante-cinq millions de dollars en 1874. les revenus devinrent contagieux dans tout le Sud et la famille qui n'avait pas de livret de banque était considérée comme pauvre. Ces dépôts constituaient les premiers versements pour l'achat d'une maison ou pour se préparer à démarrer une entreprise commerciale ou mécanique. La première annonce de la fermeture de la Freedman's Saving Bank eut donc partout un effet paralysant sur les Noirs.

Un grand nombre de personnes quittent leur travail ; la plupart vendaient leurs livres de banque pour une bagatelle, et la méfiance générale régnait dans toute la communauté. Beaucoup de ceux qui avaient acheté de petites fermes ou des logements bon marché dans les villes et les villages et avaient payé une partie de l'argent de l'achat, se découragèrent maintenant, renoncèrent à leurs droits, abandonnèrent leurs terres et circulèrent comme si tout espoir était perdu. C'était leur première et leur dernière relation avec une banque.

Ces pauvres gens ne recevaient aucune sympathie de la part des Blancs du Sud. En fait, ces derniers se réjouissaient, car le nègre avait obtenu sa liberté grâce au parti républicain, et la Freedmen's Bank était l'un des favoris de ce parti.

Le nègre est un être travailleur, la paresse n'est pas son principal défaut, et ceux qui avaient abandonné leur travail y sont revenus. Mais le charme de l'épargne avait disparu.

« Plus de banques pour moi, j'utiliserai mon argent au fur et à mesure que je l'aurai, et je saurai alors où il est parti », m'a dit un homme de couleur intelligent et bien informé.

Ce manque de confiance dans les institutions d'épargne du pays a provoqué une dépense générale d'argent aussitôt obtenu ; et les excursions en train, les promenades en bateau à vapeur, la location de chevaux et de buggys le jour du sabbat et même en semaine, ont récolté de grosses sommes auprès des gens de couleur partout dans le Sud. En vérité, la faillite de la Freedman's Saving Bank fut une calamité nationale dont l'influence se fera sentir pendant de nombreuses années.

Non satisfaits de priver les gens trompés de l'essentiel de leurs durs gains, des commissaires ont été nommés peu après l'échec, avec des salaires « appropriés », pour veiller aux intérêts des déposants, et ces sangsues dévorent le reste.

Que ce soit à tort ou à raison, les affranchis ont été amenés à croire que le gouvernement des États-Unis était responsable envers eux de la restitution de leur argent avec intérêts. La justice commune semble exiger une certaine action en la matière.

CHAPITRE XXII.

CEUX qui se souviennent de la situation de la Virginie dans le passé seront déçus par elle à l'heure actuelle. Les gens, blancs et noirs, sont pauvres et fiers, vivant tous de leur réputation lorsque le « Vieux Dominion » était considéré comme le premier État de l'Union.

J'ai regardé Richmond avec beaucoup d'intérêt. Les effets de la dernière Rébellion sont encore visibles partout, et particulièrement parmi ceux qui étaient les dirigeants de la société il y a trente ans. J'ai traversé le marché et j'ai observé plusieurs hommes portant de longs manteaux de tissu noir, sous lesquels se trouvait un panier. On pourrait les voir y consacrer leur marketing du jour.

J'ai remarqué un vieil homme noir s'inclinant très gracieusement devant l'un de ces individus et j'ai demandé qui il était. " Ah, masse, " dit le nègre, " c'est le major ----, il était riche en baies avant la guerre, mais la guerre l'a attrapé, et maintenant il ne peut plus avoir de serviteurs, et il est trop fier. pour montrer son panier, alors il le recouvre de son manteau. Et puis l'homme noir sourit et secoua la tête de manière significative, et continua son chemin. Ici, sur la place du marché, on voit de nombreuses scènes qui évoquent l'époque de l'esclavage comme en témoignent les résultats. Voici une fille à la peau brune riche ; après elle vient celle sur la joue de laquelle on distingue à peine une rougeur ; et j'ai vu une ou deux jeunes femmes dont le teint crème aurait à juste titre excité l'envie de nombreuses belles new-yorkaises. La condition des femmes de cette dernière classe est des plus déplorables. Beaux presque au-delà de toute description, beaucoup d'entre eux instruits et raffinés, avec le meilleur sang blanc du Sud dans les veines, il est peut-être tout à fait naturel qu'ils refusent de s'accoupler avec des hommes noirs grossiers et ignorants. Socialement, ils ne sont pas reconnus par les Blancs ; ils n'ont souvent pas assez d'argent pour acheter le strict nécessaire ; honorablement, ils ne peuvent jamais se procurer des moyens suffisants pour satisfaire leurs goûts luxueux ; leurs mères leur ont appris à pécher ; leurs pères, ils n'ont jamais connu; les hommes blancs débauchés sont toujours prêts à profiter de leur misère, et après avoir vécu une courte vie de honte et de déshonneur, ils sombrent dans des tombes précoces et impies. Vivants, ils étaient méprisés aussi bien par les Blancs que par les Noirs ; morts, personne ne les pleure.

Je suis allé entendre le prédicateur noir quelque peu célèbre, le révérend John Jasper. L'occasion était d'une importance considérable, car il avait prêché, et sur demande, un sermon pour prouver que le « Soleil bougeait », et il devait maintenant le prononcer à la sollicitation de quarante-cinq membres de l'Assemblée législative, qui étaient présents. en tant qu'auditeurs.

Ceux qui voulaient que le sermon soit répété étaient tous des Blancs, et un certain nombre d'entre eux le faisaient pour le plaisir dont ils espéraient profiter, tandis qu'une partie tout à fait respectable, de vieilles opinions, estimait que le prédicateur avait raison.

En arrivant à l'église, je trouvai douze voitures et deux omnibus, outre un certain nombre de véhicules plus petits, qui bordaient la rue, une demi-heure avant l'ouverture des portes. Cependant, les Blancs qui étaient venus dans ces véhicules avaient été admis par les portes latérales, tandis que les rues étaient remplies de Noirs et d'une classe plus pauvre de Blancs.

Grâce à une faveur spéciale, j'ai été autorisé à entrer avant que la foule ne s'y précipite. Les membres de l'Assemblée législative se sont vu attribuer les meilleurs sièges. En fait, tout le centre de la maison était occupé par des Blancs qui, m'a-t-on appris, appartenaient aux FF V. . L'église peut accueillir mille personnes, mais on peut affirmer avec certitude que douze cents personnes étaient présentes à cette époque.

Le révérend John Jasper est un noir profond, grand et mince, avec des bras longs et des épaules quelque peu rondes, et âgé de soixante-cinq ans. Il prêche à Richmond depuis quarante-cinq ans et est considéré comme un homme très bon. Il parle couramment, connaît bien les Écritures et possède une grande quantité d'esprit. Les membres de l'église de Jasper sont pour la plupart des affranchis, dont un grand nombre sont originaires de la campagne, communément appelés « nègres des champs de maïs ».

J'ai découvert que la classe la plus instruite des gens de couleur ne prenait pas soin de Jasper. Ils le considèrent comme arriéré et l'appellent « le vieux brouillard ». Jasper regardait fièrement son auditoire, et c'était bien possible, car il avait devant lui certains des premiers hommes et femmes de la capitale de Virginie. Mais ces gens n'étaient pas venus pour s'instruire, ils étaient vraiment venus pour rire et n'ont pas été déçus.

Jasper s'était préparé pour l'occasion et, lors de son service d'ouverture, s'est sauvé en appelant « Frère Scogin » pour offrir une prière. Ce vénérable Frère sentait évidemment le poids de la responsabilité qui lui incombait et s'en acquittait, du moins à l'entière satisfaction de ceux qui étaient là pour s'amuser. Après avoir fait une prière très sensée, Scogin conclut ainsi : « Ô Seigneur, nous sommes un peuple puissant et maltraité, nous avons eu du mal dans l'esclavage, nous avons tous été brisés en morceaux, nous avons les jambes arquées, les genoux cagneux, les jambes bandées. , les yeux louches, et un grand nombre d'entre nous sont bossus. Maintenant, Seigneur, nous voulons être réparés, et nous voulons que tu viennes le faire. N'envoyez pas d'ange, car c'est une tâche trop lourde pour un ange. Tu nous as créés, ô Seigneur, et tu connais nos besoins, et tu peux nous soigner comme personne d'autre ne peut le faire. Descends toi-même et viens vite. A cette phrase,

Jasper poussa un grand gémissement et Scogin cessa. Une fois le service terminé, j'ai été informé que lorsque Jasper trouve l'un de ses membres un peu trop long dans la prière, le chant ou la parole, il pousse ce gémissement significatif, qu'ils comprennent tous bien. Cela signifie « assez ».

L'église était désormais complètement bondée et on disait que deux mille personnes cherchaient en vain à y entrer. Le texte de Jasper était « Dieu est un dieu de la guerre ». Le prédicateur, bien que erroné dans ses conclusions, était heureux dans ses citations, fraîches dans sa mémoire et imposait avec éloquence ses vues à ses auditeurs.

Il dit : « Si le soleil ne bouge pas, pourquoi Josué lui a-t-il ordonné de « rester immobile » ? Josué avait-il tort ? Si tel est le cas, je préfère me tromper avec Josué plutôt que d'avoir raison avec les philosophes modernes. Si cette terre bougeait, les cheminées tomberaient, s'écrouleraient sur les toits des maisons, les montagnes et les collines changeraient et s'aplaniraient, les rivières se videraient. Toi et moi serions debout sur la tête. Regardez cette montagne qui se dresse là-bas ; il était là il y a cinquante ans, quand j'étais un garçon. Serait-il là si la terre tournait comme on nous le dit ?

«Non, Dieu béni», s'écria une sœur. Puis le rire vint et Jasper resta debout un moment, les bras croisés. Il poursuit : « Le soleil se lève à l'est et se couche à l'ouest ; Pensez-vous que quelqu'un puisse me faire croire que la Terre peut faire le tour du monde en un seul jour pour donner au soleil une chance de se coucher à l'ouest ?

"Non, Sire, cette doctrine ne plaît pas à Jasper."

À ce moment-là, le prédicateur s'arrêta pour reprendre son souffle et j'entendis un vieil homme blanc assis sur un banc voisin dire d'un ton quelque peu solennel : « Jasper a raison, le soleil bouge.

Prenant son bandana et essuyant l'abondante transpiration qui coulait sur ses joues sombres, le prédicateur ouvrit un billet qui venait d'être déposé sur le bureau, le lut et continua : « Une question m'est ici posée, et une qui m'a été posée. Je suis heureux de répondre, car un grand nombre de mon peuple, ainsi que d'autres, ne voient pas comment les enfants d'Israël ont pu traverser la mer Rouge en toute sécurité, tandis que Pharaon et ses armées se sont noyés. Je vous ai répété à maintes reprises que tout était possible à Dieu. Mais cela ne semble pas vous satisfaire.

« Ceux qui doutent de ce que vous lisez dans les Saintes Écritures sont comme les infidèles : ils ne croiront que si vous en voyez la cause. Alors, laissez-moi vous dire. L'infidèle dit que lorsque les enfants d'Israël traversèrent la mer Rouge, c'était en hiver et la mer était gelée. C'est une erreur ou une fausse déclaration intentionnelle. Ici, le prédicateur a donné des récits saisissants des souffrances et de la fuite des enfants d'Israël, dont il a comparé le cas à celui des gens de couleur du Sud. Le prédicateur a conclu par un appel éloquent à sa congrégation pour qu'elle ne se laisse pas égarer par « ces notions nouvelles ».

Une grande excitation s'empare en ce moment de la population devant l'intérêt apparent que les habitants de couleur manifestent pour la religion catholique. La cathédrale de Richmond est ouverte tous les dimanches soir aux noirs, lorsque l'évêque lui-même leur prêche, et il n'est pas étrange que la voix éloquente et persuasive de l'évêque Kean, qui dit au nègre : « Mes chers frères bien-aimés », devrait captiver ces gens méprisés. J'ai assisté à une réunion dans la grande église baptiste africaine, où le révérend Moses D. Hoge, DD, devait prêcher aux gens de couleur contre le catholicisme. Le Dr Hoge, bien que connu pour son éloquence et terriblement sérieux, ne pouvait pas aller plus loin dans ses appels aux Noirs que de leur dire « hommes et femmes ».

Le contraste était perceptible par tous. Après avoir écouté le Dr Hoge, j'ai demandé à un homme de couleur intelligent comment il aimait son sermon. Sa réponse fut : « Si le Dr Hoge est sérieux, pourquoi n'ouvre-t-il pas sa propre église et ne nous invite-t-il pas à y prêcher ? Avant de pouvoir nous impressionner, il doit aller à l'Église catholique et apprendre l'esprit d'amour fraternel.

Un dimanche, Mgr Kean dit à la congrégation de couleur, au nombre de 1 200, venue l'entendre : « Il y a des distinctions dans le monde des affaires et dans le monde social, mais il n'y a pas de distinctions dans le monde spirituel. Une âme est une âme devant Dieu, qu'elle soit celle d'un homme noir ou blanc. Dieu ne fait acception de personne, l'Église chrétienne ne peut pas se permettre de l'être. Ceux qui ne vous laissaient pas apprendre à lire avant la guerre sont ceux qui m'accusent aujourd'hui d'essayer de vous utiliser à des fins politiques.

"Maintenant, mes chers frères bien-aimés, lorsque j'essaie de vous dire comment voter, vous n'avez plus besoin de venir m'entendre prêcher."

Les Noirs ont été si maltraités dans le passé que des paroles aimables et la reconnaissance sociale contribueront grandement à les gagner à l'avenir, car le succès ne dépendra pas tant de leur comportement que de leur comportement ; pas tant sur leur foi que sur l'influence directe plus puissante de leur pratique. En cela, les catholiques du Sud ont une longueur d'avance, car le préjugé des protestants semble raisonnablement laisser les nègres aller n'importe où, sauf au ciel, s'ils doivent suivre le même chemin.

CHAPITRE XXIII.

NORFOLK est l'endroit entre tous les autres, où l'on retrouve dans leur pureté les gens de couleur du « vieux Verginny qui ne se fatigue jamais ». Ici, presque tout le monde vit dehors par temps chaud. Cela ne se limite pas aux Noirs. Sur les trottoirs, devant les meilleurs hôtels, sous les auvents des portes des magasins, sur les seuils des maisons privées et sur les trottoirs des rues, on peut voir des gens de toutes classes. Mais en été, les Noirs évitent particulièrement l'intérieur de la maison.

Je suis allé au marché, car j'aime toujours aller au marché le samedi, car là-bas on voit « la vie parmi les petits », comme on ne la voit nulle part ailleurs. Les hommes et les femmes de couleur possèdent un nombre respectable d'étals sur le marché de Norfolk, dont la gestion leur fait grand honneur.

Mais les marchands de fruits et légumes, ou vendeurs ambulants, sont les hommes de la musique. « Voici vos beaux légumes : maïs vert, haricots beurre, pommes de terre, pommes de terre irlandaises, neuves, jess bin creusées ; venez les chercher pendant qu'ils sont frais. C'est votre moment ; courge, Calafony quash, meilleure du monde ; venez les chercher maintenant ; ce sera dimanche termorrer, et j'irai à l'église. De gros pois mexicains, des courges plus grasses, des courges protestantes, de bons légumes catholiques de toutes sortes.

C'est le moment de manger des haricots mange-tout,
du gombo, des tomates et des pommes de terre;
Ne soyez pas des vierges folles ;
Le dîner est prêt
Quand le maître rentre à la maison,
les haricots verts passent.

À ce moment-là, le vendeur s'écria d'une voix très musicale :

Oh! Hannah, fais bouillir ce chou,
Hannah, fais-les bouillir,
Et retourne les sarrasins en rond,
Hannah, fais-les bouillir.
Il est presque temps de souffler dans le cor,
Hannah, de les faire bouillir,
d'appeler les garçons qui sont du maïs,
Hannah, de les faire bouillir.

Hannah, mets-les en boule,
le chou vient de sortir de la terre,

fais-les bouillir dans la marmite
et fais-le fumer chaud.

Certains aiment le chou fait avec du krout,
Hannah, les font bouillir,
Ils mangent tellement qu'ils ont la goutte,
Hannah, les font bouillir,
Ils les coupent en morceaux et les laissent se gâter,
Hannah, les font bouillir ;
Je préfère faire bouillir mes choux,
Hannah, fais-les bouillir.

Certains disent que cet opossum est dans la poêle,
Hannah, fais-les bouillir,
Suis la viande la plus sucrée de tout le pays,
Hannah, fais-les bouillir ;
Mais c'est cette vieille tête de chou,
Hannah, faites-les bouillir,
je la chérirai, les enfants, jusqu'à ma mort,
Hannah, faites-les bouillir.

Cette chanson, donnée avec sa manière inimitable, attira les femmes aux fenêtres et la foule autour du marchand de légumes dans la rue, et celui-ci se débarrassa bientôt du contenu de sa charrette. D'autres vendeurs, qui « transportaient » leurs marchandises dans des paniers sur la tête, profitaient de la compagnie de l'homme musicien pour vendre leurs propres marchandises. Une femme avec de très belles fraises a fait valoir ses prétentions dans une chanson très intéressante ; l'intérêt, cependant, était plus centré sur la manière que sur la question :

«Je vis à des kilomètres de la ville,
je suis destiné à la gloire.
Mes fraises sont douces et saines,
je suis gwinne à la gloire.
Je les mets sur ma tête à des kilomètres,
je vais vers la gloire.
Mon Chili est malade et mon mari est mort,
je vais vers la gloire.
Il est maintenant temps de les acheter à bas prix,
je vais vers la gloire.
Mangez-les avec votre pain et votre viande,

je vais vers la gloire.
Viens pécheur, mets-toi à genoux,
je vais vers la gloire.
Mangez ces fraises quand bon vous semble,
je vais vers la gloire.

Dans l'ensemble, l'homme de couleur de Virginie est un spécimen physique très favorable de sa race ; et il a des manières particulièrement raffinées et urbaines. Un étranger, à en juger par la surface de la vie ici, dirait sans doute que c'était un peuple heureux et aisé. Peut-être aussi pourrait-il dire : « Ah, je vois. Le nègre est partout le même : bûcheron, colporteur de légumes, porteur du tablier blanc du garçon. La liberté n'a pas modifié son statut.

Un tel jugement serait très hâtif. Les nations ne sont pas éduquées en vingt ans. Il y a certains hommes blancs qui gravitent naturellement aussi vers ces positions ; et nous devons nous rappeler que seule la génération actuelle de nègres a pu s'approprier une part des plus nobles bénédictions de la liberté. Mais les garçons et les filles de couleur de Virginie sont aujourd'hui très différents de ce qu'étaient les garçons et les filles de couleur d'il y a quinze ou vingt ans. Le progrès et l'amélioration sont si grands qu'il n'est pas déraisonnable d'en prédire un avenir très satisfaisant.

La population noire ici est largement majoritaire et envoyait autrefois un membre de sa propre couleur au Sénat de l'État, mais grâce à la corruption et au bourrage des urnes, un sénateur blanc est maintenant à Richmond. Lors d'élections tardives, un nègre a vendu sa voix contre un baril de sucre. Après avoir voté et ramené son sucre chez lui, il a découvert qu'il s'agissait d'un baril de sable. J'apprends que ses voisins se sont moqués de lui et l'ont obligé à traiter toute la société, ce qui lui a coûté cinq dollars.

Je ne voudrais pas que, d'après ce que j'ai dit sur la condition générale des Noirs en Virginie, il n'y en ait aucun d'un grade supérieur. Loin de là, car certains des meilleurs mécaniciens de l'État sont des hommes de couleur. À Richmond et à Pétersbourg, ils ont des magasins et font un commerce considérable, tant avec les blancs qu'avec leur propre race. Ils font beaucoup pour l'éducation ; beaucoup envoient leurs fils et leurs filles au nord et à l'ouest pour obtenir de meilleurs avantages ; et ils construisent certaines des plus belles églises de cet État. L'année dernière, la deuxième église baptiste a démoli une structure relativement nouvelle et belle pour la remplacer par un lieu de culte plus splendide, simplement parce qu'une église rivale de la même confession les avait surpassées. J'ai vu le nouvel édifice et je suis convaincu qu'il se comparera favorablement à n'importe quelle église de Back Bay, à Boston.

Le nouveau bâtiment pourra accueillir trois mille personnes et coûtera, sans compter le terrain, cent mille dollars, dont tous les travaux de brique et de bois seront exécutés par des hommes de couleur.

CHAPITRE XXIV.

L' éducation des nègres dans le Sud est la question la plus importante que nous ayons à traiter à l'heure actuelle et celle qui occupera la priorité sur toutes les autres questions pendant de nombreuses années à venir. Lorsque, peu après le déclenchement de la rébellion, les écoles pour affranchis furent agitées dans le Nord et que des enseignants furent envoyés de la Nouvelle-Angleterre pour enseigner aux « pauvres contrebandiers », je me présentai devant les autorités compétentes de Boston et demandai que une place soit donnée à l'une de nos jeunes filles de couleur les plus instruites, qui voulait se consacrer à l'éducation de sa race blessée, et l'offre fut rejetée, au motif que « le moment d'envoyer des professeurs de couleur n'était pas venu ». Cela s'est produit il y a près de vingt ans. Depuis ce moment jusqu'à aujourd'hui, j'ai observé avec un intérêt douloureux le peu de progrès réalisés par les hommes et les femmes de couleur pour devenir instructeurs de leur propre race dans les États du Sud.

Sous l'impulsion de l'excitation provoquée par la Proclamation de la Liberté et du grand besoin d'écoles pour les Noirs, des milliers de dollars furent envoyés dans le Nord et des agents envoyés en Grande-Bretagne, où la générosité n'avait pas de limites. L'argent affluait de toutes parts et certaines des jeunes femmes blanches les plus nobles se livrèrent au travail d'enseignement des affranchis.

Durant les trois ou quatre premières années, ce champ d'enseignants était entièrement occupé par des personnes autres que des membres de la race de couleur, et pourtant il était géré par la « New England Freedmen's Association », composée en partie par certains de nos meilleurs hommes et femmes. .

Mais de nombreux jeunes hommes et femmes de couleur, énergiques et instruits, se sont portés volontaires et, à leurs propres frais, sont allés dans le Sud et ont ouvert des écoles privées, et se sont littéralement lancés de force dans le travail. Cela fut suivi de quelques nominations, qui prouvèrent dans tous les cas que des professeurs de couleur pour les gens de couleur étaient la chose la plus indispensable. Sur les fondations posées par ces petites écoles, certaines des institutions éducatives les plus splendides du Sud ont surgi. Fisk, Howard, Atlanta, Hampton, Tennessee Central, Virginia Central et Straight sont parmi les plus importants. Toutes ces activités sont sous le contrôle et la direction des Blancs et sont donc conduites selon le principe des blancs pour les enseignants et des noirs pour les élèves. Et pourtant, chacune des institutions ci-dessus est redevable de la sympathie ressentie pour les nègres, de leur existence même. Certains de ces collèges encouragent plus que d'autres les nègres à devenir instructeurs ; mais aucun cependant ne s'est élevé assez haut pour mesurer l'homme noir indépendamment de sa couleur.

A Pétersbourg, j'ai trouvé un grand et beau bâtiment pour les écoles publiques pour les jeunes de couleur ; le directeur, un homme blanc, avec six assistants, mais parmi eux aucun enseignant de couleur . Pourtant, Pétersbourg a produit d'excellents professeurs de couleur, dont deux que j'ai rencontrés dans le Suffolk, dans de petites écoles. Ces jeunes dames avaient obtenu leur diplôme avec distinction dans l'une de nos meilleures institutions, et pourtant elles ne pouvaient obtenir une place d'institutrice dans une école publique, où les élèves n'étaient que de leur propre race. .

À Nashville, le Conseil scolaire était encore plus injuste, car il employait des enseignants qui ne permettaient pas à leurs écoliers de couleur de les reconnaître dans les rues, et pour cela, les enfants étaient réprimandés et l'action des enseignants approuvée par le Conseil scolaire. Éducation.

Il est généralement connu que tous les professeurs blancs de nos écoles publiques de couleur se sentent au-dessus de leur travail ; et le plus petit nombre ont une quelconque communication avec leurs élèves en dehors de la salle de classe. Après avoir reçu leur nomination et pris la direction de leur école, certains d'entre eux ont parfois annoncé à leurs élèves qu'ils ne devaient en aucun cas les reconnaître ou leur parler dans la rue. Il est très évident que ces gens n'ont pas de cœur dans le travail qu'ils font et se contentent de jour en jour d'enseigner mécaniquement à nos enfants pour le salaire dérisoire qu'ils reçoivent. Tandis que des enseignants qui ne s'intéressent pas aux enfants qu'ils instruisent, hormis le salaire qu'ils reçoivent, sont employés dans les écoles publiques et dans les Freedman's Colleges, des centaines d'hommes et de femmes de couleur, capables de passer les examens les plus rigoureux, restent inactifs. , ou occupent des places bien en deçà de ce qu'ils méritent.

Il faut s'attendre à ce que les écoles publiques soient, dans une plus ou moins grande mesure, gouvernées par les préférences politiques des partis au pouvoir ; mais nous devrions chercher de meilleures choses à Fisk, Hampton, Howard, Atlanta, Tennessee Central et Virginia Central, dont les murs ont été construits grâce à l'argent récolté grâce aux appels lancés en faveur de l'éducation des nègres.

Il existe cependant d'autres établissements d'enseignement dont je n'ai pas fait mention et qui méritent partout le patronage des bienveillants. Il s'agit de : Wilberforce, Berea, Payne Institute, en Caroline du Sud, Waco College, au Texas, et Storer College, à Harper's Ferry.

Wilberforce est bien connu et fait un grand travail. Il a produit certains des meilleurs de nos savants, des hommes dont les travaux visant à l'élévation de leur race ne peuvent être trop loués.

Le Storer College, à Harper's Ferry, domine les ruines du « Fort John Brown ». Dans les âges à venir, Harper's Ferry sera recherché par les voyageurs venus d'autres pays. Ici, au confluent des rivières Potomac et Shenandoah, sur un point juste en face de la brèche par laquelle les cours d'eau unis passent la Blue Ridge, dans leur course vers l'océan, se dresse la ville romantique, et un peu au-dessus d'elle, sur un magnifique éminence, est Storer, une institution, et dont je ne saurais trop parler des officiers .

J'ai été témoin, avec un intense intérêt, des efforts sincères de ces bons hommes et femmes, dans leur glorieux travail d'élévation de ma race. Et pendant que les bienveillants du Nord donnent de leur abondance, je les prie instamment de ne pas oublier le Storer College, à Harper's Ferry.

Les deux autres, dont j'ai parlé, sont moins connus, mais leurs élèves sont nombreux et bien formés. *Ces deux écoles se trouvent dans le Sud* , et toutes deux sont détenues et gérées par des hommes de couleur, libres de la prétendue nécessité d'avoir des hommes blancs pour réfléchir , et devraient recevoir l'approbation particulière de tous ceux qui croient qu'il faut donner aux gens de couleur une chance de pagayer sur leur propre canot.

Je n'ai cependant pas réussi à trouver des écoles pour une autre partie de notre population, ce qui semble être un besoin criant. Pendant de nombreuses années, le Sud était connu pour ses belles femmes Quadroon. Des bouteilles d'encre et des rames de papier ont été utilisées pour représenter les « traits finement découpés et bien moulés », les « boucles soyeuses », les « yeux sombres et brillants », les « formes splendides », les « sourires fascinants ». » et les « manières accomplies » de ces filles passionnées et voluptueuses des deux races, produit illégal du crime de servitude humaine. Si nous prenons en considération le fait qu'aucune garantie n'a jamais été prévue autour de la vertu, ni aucune incitation offerte aux femmes esclaves à être pures et chastes, nous ne serons pas surpris d'apprendre que l'immoralité était omniprésente dans le cercle domestique des villes et des villages de le Sud dans une mesure inconnue dans les États du Nord. Beaucoup de femmes de planteurs ont mené une existence misérable, le cœur douloureux, en voyant leur place dans l'affection de leur mari usurpée par la beauté sans fioritures et les sourires captivants de sa servante. En fait, la plupart des femmes de couleur, à l'époque de l'esclavage, n'avaient pas de plus grande aspiration que celle de devenir la maîtresse finement habillée de quelque homme blanc. Bien que la liberté ait engendré un nouvel ordre de choses et que nos femmes de couleur fassent des progrès rapides pour s'élever au-dessus des scènes sombres du passé, le manque de protection de notre peuple depuis que les Blancs d'antan ont repris le pouvoir place un grand nombre de jeunes femmes de couleur des villes et des villages à la merci des mauvais hommes de couleur, ou pire encore des hommes blancs. Pour les sauver de la destruction, des institutions devraient être établies dans chaque grande ville.

Mme Julia G. Thomas, une très digne dame, profondément intéressée par le bien-être de son sexe, possède une petite institution pour les orphelins et les filles sans amis, où elles auront un foyer, une école et une formation commerciale, pour les préparer à entrer dans la vie. avec une perspective de succès. L'adresse de Mme Thomas est 190 High Street, Nashville, Tennessee.

CHAPITRE XXV.

PARMI les causes de ce mécontentement des gens de couleur du Sud qui a provoqué leur exode, il y en a une qui se cache sous la surface et qui est cachée même à un observateur avisé, s'il est étranger à cette région. Cette cause consiste en certaines lois qui ont été adoptées dans la plupart des États cotonniers, apparemment dans d'autres buts, mais en réalité dans le but d'établir dans ces États un système de péonage similaire, sinon pire, à celui qui prévaut au Mexique. . C'est l'objet d'une loi adoptée par la législature du Mississippi, en mars 1878. Le titre de la loi, qu'il soit intentionnel ou non, est certainement trompeur. Elle est intitulée « Loi visant à réduire les dépenses judiciaires de l'État ». Mais la manière dont cela peut éventuellement produire cet effet dépasse la compréhension humaine. Cependant, il fonctionne et est utilisé de manière à asservir un grand nombre de nègres, qui n'ont même pas été reconnus coupables de la moindre infraction aux lois.

La loi prévoit que « toutes les personnes reconnues coupables et incarcérées dans la prison du comté, à l'exception de celles incarcérées pour outrage au tribunal, et à l'exception de celles condamnées à l'emprisonnement dans le pénitencier, seront livrées à un entrepreneur, qui sera par lui gardé et travaillé selon les dispositions de la présente loi ; et toutes les personnes incarcérées, à l'exception de celles qui n'ont pas droit à une libération sous caution, peuvent également, avec leur consentement, être incarcérées auprès dudit entrepreneur et travailler en vertu de la présente loi avant d'être condamnées. Mais la secte. 5 de la loi prévoit un mécanisme suffisant et convaincant pour obtenir le consentement nécessaire de la part du prisonnier non encore condamné pour travailler pour l'entrepreneur. Dans cet article, il est prévu « que si une personne incarcérée pour une infraction passible de libération sous caution ne consent pas à être confiée à la garde et à la garde dudit entrepreneur, à travailler pour ledit entrepreneur et à travailler pour celui-ci en vertu de Cet acte, le prisonnier n'aura droit qu'à six onces de bacon, ou dix onces de bœuf, et une livre de pain et d'eau.

Cet article prévoit également que tout prisonnier n'ayant pas consenti à travailler pour le compte de l'entrepreneur avant sa condamnation, et cela également, sans compensation, « si ledit prisonnier est par la suite condamné, il devra néanmoins travailler sous ledit entrepreneur pendant une durée suffisante pour payer tous les frais. des poursuites, y compris les frais de prison habituels pour le garder et le nourrir. Les frais pour le nourrir, sur la base du maigre tarif indiqué ci-dessus, sont de vingt cents par jour. Or, on ne peut nier que l'usage fait de cette loi soit pour priver le nègre de son droit naturel de choisir son propre employeur ; et de la manière suivante : Supposons un cas, et de tels cas se produisent constamment. A est un planteur de coton, possède trois ou quatre mille acres de terre et compte quarante, cinquante ou cent familles noires dans sa plantation. A l'expiration de l'année, un nègre propose de quitter la plantation de A et d'essayer d'améliorer sa condition en concluant un marché plus avantageux avec B ou C pour une année supplémentaire. Si A ne peut empêcher le nègre de le quitter d'une autre manière, cette loi lui donne les pleins pouvoirs. Un homme invente une accusation insignifiante contre le nègre et menace de le faire arrêter et d'envoyer en prison. Le nègre sait qu'il lui faudra peu de temps pour l'incarcérer et qu'il devra alors mourir de faim avec une livre de pain, d'eau et six onces de bacon par jour, ou travailler pour rien pour l'entrepreneur jusqu'à ce qu'il puisse être jugé ; et une fois jugé, il doit courir le risque d'être condamné, ce qui n'est pas mince, même s'il peut être innocent. L'avarice – l'avarice sans scrupules – le poursuit, et avec peu de pouvoir pour résister, faute d'un sentiment public sain en faveur du fair-play pour l'encourager, il cède et devient le personnage de son oppresseur.

J'ai découvert que le poste de fouet fonctionnait pleinement en Virginie et j'ai entendu dire qu'il était appliqué dans d'autres États. J'ai demandé à un homme noir ce qu'il pensait de la renaissance de ce mode de punition. Il a répondu : « Eh bien, monsieur, je ne m'en soucie pas, ils nous traitent tous de la même manière ; ils fouettent les Blancs comme ils le font pour les Noirs, et c'est ce que j'appelle l'égalité devant la loi.

Un de mes amis rencontrant un homme qui quittait l'Arkansas, en raison de la renaissance de ses anciennes lois sur l'esclavage, eut lieu la conversation suivante, montrant que l'oppression des noirs s'étend à tous les États du Sud.

"Vous venez de l'Arkansas, je comprends?"

"Oui."

« Quel salaire recevez-vous généralement pour votre travail ? »

« Depuis 1968 environ, nous recevons environ deux morceaux par jour, soit vingt cents. Ensuite, il y a des gens qui travaillent au mois, et à la fin du mois, ils sont soit rebutés, soit complètement escroqués. Là-bas, la propriété et les biens ne valent rien pour un homme noir. Il ne peut pas en obtenir le prix ; il obtient exactement ce que l'homme blanc choisit de lui donner. Certaines personnes qui élèvent dix à quinze balles de coton en ont parfois à peine de quoi se couvrir le corps et les pieds. Cela continue pendant que l'homme blanc obtient le prix qu'il demande pour ses marchandises. C'est injuste et tant que nous payons des impôts, nous voulons la justice, le droit et l'égalité devant le peuple.

« Quels impôts payez-vous ? »

« Un homme qui possède une maison et un terrain doit payer environ vingt-six dollars par an ; et s'il possède une mule valant environ cent cinquante dollars, ils lui imposent deux dollars et demi de plus. S'ils voient que vous avez de l'argent – disons que vous avez gagné trois mille dollars – vous verrez bientôt une facture concernant les impôts, le bail foncier et autres qui s'élèvent à environ deux mille dollars. Ils facturent treize dollars à un homme noir alors qu'ils ne factureraient qu'un ou deux dollars à un homme blanc. Maintenant, il y a un homme, » désignant un vieil homme corpulent, « qui a dû fuir sa maison, sa ferme et tout. C'est pour cela que nous quittons l'Arkansas. Nous voulons la liberté, et je dis : « Donnez-moi la liberté ou donnez-moi la mort. » Nous avons pris les armes et nous sommes battus pour notre pays, nous devons donc avoir nos droits.

« Et la scolarité que vous recevez ? »

« Nous ne pouvons pas voter, mais nous devons quand même payer des impôts pour soutenir les écoles des autres. J'ai fait mes études à la Nouvelle-Orléans et je les ai payées aussi. J'ai six enfants et, même si je paie des impôts, aucun d'entre eux n'est scolarisé dans les écoles publiques. Les impôts et les loyers sont si élevés que les enfants doivent travailler dès l'âge de dix ans. C'est comme ça là-bas.

« Aviez-vous des professeurs du Nord ?

« Il y avait quelques enseignants du Nord qui sont venus là-bas, mais ils étaient épuisés. Ils étaient si mal payés et traités si méchamment qu'ils ont dû partir.

"Dans quel comté viviez-vous?"

«Comté de Phillips».

« Combien d'écoles y avait-il dans ce comté ? »

"Environ cinq."

"Quand ouvrent-ils?"

« Environ une fois tous les deux ans et reste ouvert deux ou trois semaines. Et puis ils ont un certain type de livre pour les enfants. Ceux qui contiennent des chiens, des chats, des porcs, des vaches, des chevaux et toutes sortes d'animaux. Ils y gardent les enfants et ne les laissent jamais en sortir.

« Avez-vous dans l'État des collèges pour hommes de couleur ? »

« Non, ils n'ont pas d'universités et n'en autorisent pas. L'autre jour, j'ai demandé à un républicain comment se faisait-il que tant de milliers de dollars aient été dépensés pour les universités et que nous n'en ayons rien obtenu ? Il a répondu : « Pour une raison quelconque, le projet de loi n'a pas été adopté. » Et maintenant, je suppose que ces gars-là ont dépensé tout cet argent.

« En général, les gens sont donc très ignorants ?

"Oui Monsieur; l'homme de couleur qui a une éducation est comme certaines personnes qui ont une religion : il la cache sous le boisseau ; s'il ne le faisait pas et défendait ses droits de citoyen, il deviendrait bientôt la cible de certains clubs du Ku-Klux.»

Après avoir réussi à prendre le pouvoir dans le Sud, à chasser les électeurs noirs des urnes lors des élections et à les faire compter dans la représentation nationale, les ex-rebelles disposeront bientôt d'un pouvoir dont ils n'avaient jamais eu auparavant. Si les propriétaires d'esclaves avaient eu en 1860 le droit de représenter pleinement leurs esclaves plutôt que partiellement au Congrès et au Collège électoral, ils auraient gouverné ce pays indéfiniment dans l' intérêt de l'esclavage. On supposait que le résultat de la guerre avait profité de la liberté et que la classe esclavagiste avait perdu le pouvoir pour toujours. Mais l'acte même qui a conféré le plein droit de représentation aux trois millions d'affranchis, grâce à la politique, a placé entre les mains des conspirateurs rebelles un instrument qu'ils utiliseront pour pervertir et faire échouer les objectifs des amendements constitutionnels. Grâce à cette politique, les trente-cinq voix électorales supplémentaires accordées aux affranchis ont été « remises au parti démocrate ». Oui, plus que ça ; ils ont été livrés aux ex-rebelles, qui les utiliseront pour une cause d'oppression qui n'a rien à envier en termes de haine à celle de l'esclavage. Dans une lutte contre le Sud solide, le parti de la liberté et de la justice aura donc de plus grandes difficultés à surmonter qu'en 1860, et les oligarques du Sud occupent une position qui est presque imprenable, quel que soit le but qu'ils choisissent d'utiliser.

Du grand nombre de massacres perpétrés contre les Noirs dans le Sud, depuis que les ex-rebelles sont arrivés au pouvoir, je donne un exemple qui montrera l'inhumanité des Blancs. Cet outrage s'est produit dans le comté de Gibson, au Tennessee. Le bruit courut pour la première fois que les Noirs étaient armés en grand nombre et qu'ils allaient commettre des meurtres contre les Blancs. Cela créa l'excitation voulue, et les Blancs en grands groupes, armés jusqu'aux dents, traversèrent Gibson et les comtés voisins, désarmant les Noirs, leur retirant leur seul moyen de défense et arrêtant tous les Noirs répréhensibles qu'ils avaient trouvés. pourrait les trouver, les emmenant à Trenton et les mettant en prison.

Le récit suivant du massacre gratuit est tiré de l' *Appel de Memphis* : -

« Environ quatre cents hommes armés, déguisés et à cheval sont entrés dans cette ville à deux heures du matin, se sont rendus à la prison et ont demandé les clés du geôlier, M. Alexander. Il a refusé de rendre les clés. Le shérif Williams, entendant le bruit, s'est réveillé et s'est rendu à la prison et a refusé de remettre les clés aux masques, leur disant qu'il ne les avait pas. Ils armèrent leurs pistolets, et il refusa de nouveau de leur donner les clés, sur quoi le capitaine de la compagnie ordonna aux hommes masqués de dégainer leurs pistolets et de les armer, jurant qu'ils auraient les clés ou qu'ils tireraient sur le geôlier. Le geôlier les a mis au défi de tirer et a déclaré qu'ils étaient trop lâches pour tirer. Ils n'y sont pas parvenus. Ensuite, ils ont menacé de démolir la prison ou de récupérer les prisonniers. Le geôlier leur a dit que plutôt que de démolir la prison, il leur donnerait les clés s'ils l'accompagnaient à son bureau. Le geôlier a agi ainsi parce qu'il voyait que les hommes étaient déterminés à percer. « Ils étaient tous déguisés. Ensuite, ils sont venus, dit le shérif, et ont pris les clés de mon bureau et, poussant trois ou quatre cris, sont allés à la prison, l'ont ouverte, ont fait sortir les seize nègres qui avaient été amenés ici de Pickettsville (Gibson), et , leur attachant les mains, les escorta. Ils ont continué sur la route de Huntingdon sans dire un mot, et au bout d'un quart d'heure j'ai entendu des coups de feu. En compagnie de plusieurs citoyens, j'ai parcouru la route dans la direction prise par les hommes et les prisonniers , et juste au-delà du pont fluvial, à un demi-mile de la ville, j'ai trouvé quatre nègres morts, à terre, les corps criblés de balles. et deux blessés. Nous n'avons vu aucun homme masqué. Dix nègres restent portés disparus. Laissant les cadavres là où nous les avions trouvés, nous avons amené les deux nègres blessés en ville et avons appelé des secours médicaux. Le juge JM Caldwell a mené une enquête sur les corps, le verdict étant conforme aux faits selon lesquels la mort résultait de coups de feu infligés par des armes à feu entre les mains d'inconnus. L'enquête a eu lieu vers huit heures ce matin. Ce sont tous les faits relatifs au tournage que je peux vous donner. J'ai fait mon devoir pour empêcher le sauvetage des nègres, mais j'ai trouvé inutile de m'opposer aux hommes, dont l'un a déclaré qu'il y en avait quatre cents dans la bande.

« Avant-hier soir, le garde qui avait amené les prisonniers de Pickettsville était resté. Aucune crainte ou indication d'une tentative de sauvetage n'a alors été entendue ou redoutée. Ce matin, apprenant que quatre ou cinq cents nègres armés, sur la route de Jackson, marchaient en ville pour brûler les bâtiments et tuer les gens, les citoyens se sont immédiatement organisés, armés et préparés pour une défense active, et sont sortis à la rencontre des nègres. , parcourut tout le pays mais ne trouva aucun nègre armé. Les citoyens de tout le pays ont commencé à affluer dans la ville par centaines. Des hommes venaient d'Union City, de Kenton, de Troy, de Rutherford, de Dyer Station, de Skull Bone et de tout le pays, mais n'avaient pas besoin de leurs services. Les deux nègres blessés mourront. Les corps des dix autres nègres sortis de la prison ont été retrouvés au fond de la rivière à environ un mile de la ville.

« Nous rougissons de notre État, et avec la honte du meurtre sanglant, le mépris honteux de la loi, de l'ordre et de la décence qui s'abat sur nous, nous sommes à court de langage pour caractériser un acte qui, si l'œuvre de Les Comanches ou les Modocs inciteraient tous les hommes de l'Union à se venger rapidement des coupables. Aujourd'hui, nous devons imposer une réprobation et une condamnation méritées aux hommes armés qui ont assiégé la prison de Trenton et qui, sans raison tout aussi méchanceté, sans aucune justification, y ont emmené les nègres non armés en attente de jugement par les tribunaux et les ont brutalement abattus. ; et, aussi, avec une démonstration de barbarie tout aussi inutile que le massacre était injustifiable. Dire que nous ne sommes, dans aucun comté de l'État, assez forts pour faire respecter la loi, c'est prononcer une diffamation contre l'ensemble du Commonwealth. Nous sommes comme mille contre un en force morale et physique par rapport au nègre ; nous sommes en possession de l'État, de tous les appareils de gouvernement, et à une époque plus cruciale que celle que nous espérons jamais revoir, nous avons prouvé notre capacité à soutenir les agents exécutifs de la loi et à maintenir les lois. Pourquoi, alors, devrions-nous maintenant, en temps de paix profonde, renverser la loi et défier ses administrateurs ? Pourquoi devrions-nous mettre sous nos pieds le gouvernement de notre propre choix, et défier et réduire à néant les hommes que nous avons élus pour faire respecter les lois, et cela de manière impitoyable et sauvage, sans même aucune des formes qui accompagnent habituellement le gouvernement ? administration des ordres sauvages du juge Lynch ? Et tout cela sans couleur d'atténuation ; car aucun homme sensé et soucieux de la vérité ne prétendra dire que, parce que les malheureux nègres ont été arrêtés comme chefs d'une bande armée et menaçante qui avait tiré sur deux hommes blancs, ils méritaient donc la mort, et sans le formes de droit, dans un État contrôlé et gouverné par des hommes respectueux des lois.

Personne n'a jamais été puni, ni même aucune tentative n'a été faite pour découvrir les auteurs de cet ignoble meurtre. Et le fait d'infliger la peine de mort, par la « loi Lynch », aux personnes de couleur pour la moindre offense, prouve qu'il n'y a vraiment aucune réduction de ces hideux préjugés raciaux qui prévalent dans tout le Sud.

CHAPITRE XXVI.

DES ANNÉES , lorsque les capacités naturelles des races étaient plus discutées qu'aujourd'hui, le nègre apparaissait toujours plus désavantagé que le reste de l'humanité. L'esprit public n'est pas encore libéré de cette fausse théorie, et les hommes de couleur n'ont pas fait grand-chose ces dernières années pour changer cette opinion. De longues années de formation d'une personne à une vocation particulière semblent les préparer à cette vocation plus qu'à toute autre. Ainsi, les Juifs, habitués aux siècles de prêt d'argent et de prêt sur gages, s'y tiennent, en tant que race, comme s'ils avaient été créés pour ce seul business.

L'entraînement des Arabes aux longues excursions à travers les déserts sauvages fait d'eux les maîtres des voyages du monde. Les Tsiganes, élevés au camping et au commerce des chevaux, font croire qu'ils sont nés pour ça. La position de l'homme noir en tant que serviteur, depuis de nombreuses générations, a non seulement fait croire aux autres races qu'il s'agissait de sa sphère légitime, mais lui-même se sent plus à l'aise dans un tablier blanc et une serviette sur le bras qu'avec une plume derrière le bras. oreille et un registre devant lui.

Qu'un homme de couleur se mette à la salle à manger et à la cuisine, comme un canard à l'eau, prouve seulement que, comme les autres races, son éducation est entrée dans son sang. Ce n'est pas de la théorie, ce n'est pas de la poésie ; mais une vérité sévère. Notre peuple préfère être des serviteurs.

Cela peut être dû, dans une certaine mesure, au fait que l'organe d'alimentation est formé de manière plus proéminente dans la constitution du nègre que dans celle de presque tous les autres peuples.

Au cours de plusieurs voyages en voiture entre Nashville et Columbia, j'ai remarqué que le garçon qui vendait des journaux et fournissait des fruits aux passagers avait un panier rempli de bonbons et de gâteaux. La première fois que je suis monté dans sa voiture, il m'a proposé les gâteaux, que j'ai refusés, mais j'ai acheté un papier. En l'observant, j'ai observé que lorsque des personnes de couleur montaient dans la voiture, il leur offrait les gâteaux qu'ils manquaient rarement d'acheter. Un jour, alors que je lui prenais un journal, je lui demandai pourquoi il offrait toujours des gâteaux aux passagers de couleur. Sa réponse fut : – « Oh ! ils achètent toujours quelque chose à manger.

« Est-ce qu'ils achètent plus de gâteaux que les Blancs ?

"Oui", fut la réponse.

« Pourquoi achètent-ils vos gâteaux et vos bonbons ? » J'ai demandé.

« Eh bien, monsieur, les gens de couleur semblent toujours avoir faim. Je ne vois jamais rien de pareil. Ils n'achètent pas de journaux, mais ils mangent toujours.»

À ce moment-là, nous nous sommes arrêtés à Franklin et trois passagers de couleur sont arrivés. « Maintenant, continua le pâtissier, vous allez voir comment ils prendront les gâteaux » et il partit pour eux, mais il dut leur céder leurs sièges. ferma la porte qui était restée ouverte. En passant, un des hommes, impatient d'avoir un gâteau, a appelé : « Ici, ici, viens ici avec tes gâteaux.

Le colporteur m'a regardé et a ri. Il vendit à chacun un gâteau, et pourtant il n'était pas dix heures du matin.

Il n'y a pas longtemps, dans le Massachusetts, j'ai réussi à obtenir la grâce d'un jeune homme de notre prison d'État, où il était enfermé depuis plus de dix ans et où il avait appris un bon métier.

Je lui avais déjà assuré une situation dans laquelle il recevrait pour commencer trois dollars par jour, avec la perspective d'une avance sur salaire.

Alors que nous nous rendions à sa pension, et après lui avoir conseillé quelque temps de tourner la page et d'essayer de s'élever, nous passâmes devant un de nos meilleurs hôtels. Mon pupille s'est immédiatement arrêté et s'est mis à renifler comme s'il « sentait une souris ». Je l'ai regardé, j'ai observé son visage qui s'éclairait et ses yeux brillaient ; J'ai demandé quel était le problème. Avec un sourire radieux, il répondit : « Je sens les bons esprits ; quel endroit est-ce ?

«C'est la Revere House», dis-je.

"Je me demande si je pourrais trouver une place pour attendre à table là-bas?" Il a demandé.

J'ai trouvé que c'était un commentaire désolé sur mes efforts pour lui inculquer un peu de respect de soi. Ce jeune homme avait appris le métier de cordonnier, et sur une machine McKay, j'ai compris qu'il pouvait gagner de trois dollars et demi à cinq dollars par jour.

Il y a une douzaine d'années, deux jeunes hommes de couleur se sont lancés dans la fabrication d'un des produits essentiels de l'époque. Après avoir dirigé l'établissement avec succès pendant six ou huit mois, ils l'ont vendu à des hommes blancs, qui emploient désormais plus d'une centaine de personnes. Les deux hommes de couleur exercent leur vocation légitime ; l'un est serveur dans une maison privée, l'autre est porteur dans une voiture-lits.

L'échec de ces jeunes hommes à exploiter une entreprise manufacturière était principalement dû à un manque de formation, du point de vue commercial. Aucun homme n'est apte à une profession ou à un métier s'il ne l'a appris.

L'extravagance vestimentaire est un mal grand et croissant chez notre peuple. Je connais une dame à Boston qui porte une robe en soie coûtant cent trente dollars. Elle vit dans deux pièces et son mari est coiffeur.

Depuis la fin de la guerre, un grand nombre d'affranchis se sont installés dans le Massachusetts, où la plupart d'entre eux sont devenus serviteurs. Ces gens surpassent en tenue vestimentaire les marchands les plus riches de la ville.

Un jeune homme, aujourd'hui domestique dans une maison privée, arbore un pardessus à soixante dollars alors qu'il travaille pour vingt dollars par mois.

Une femme qui cuisine pour cinq dollars par semaine, dans Arlington Street, se promène tous les dimanches dans une robe en soie à cent dollars et un chapeau à trente dollars. Elle ne sait ni lire ni écrire.

Allez dans nos églises le jour du sabbat et voyez la soie, le satin, le velours et les plumes coûteuses, et parlez avec ceux qui les portent sans instruction, et vous verrez immédiatement le principal obstacle à l'élévation de soi.

Pour nous élever nous-mêmes et nos enfants, nous devons cultiver l'abnégation. Réprimez nos appétits pour le luxe et contentons-nous de nous vêtir de vêtements qui deviennent notre moyen et notre revenu. L'adaptation et l'inculcation profonde des principes d'abstinence totale de toutes substances intoxicantes. Cette dernière est une condition préalable au succès dans toutes les relations de la vie.

Sortant de l'influence de l'oppression et ayant appris dès nos premières expériences à ne pas faire confiance aux Blancs, nous n'avons que peu ou pas de confiance dans notre propre race, ou même en nous-mêmes.

Nous avons besoin de plus d'autonomie, de plus de confiance dans les capacités de notre propre peuple ; une indépendance plus virile, un niveau plus élevé de culture morale, sociale et littéraire. En effet, nous avons besoin d'unir nos efforts pour éliminer l'ombre sombre de l'ignorance qui recouvre désormais le pays. Tandis que les barrières des préjugés nous éloignent moralement et socialement de la société blanche instruite, nous devons faire un effort énergique pour nous élever du niveau commun où l'émancipation et le nouvel ordre de choses nous ont trouvés.

Nous possédons les éléments d'un développement réussi ; mais nous avons besoin d'hommes et de femmes vivants pour réaliser ce développement. La dernière grande lutte pour nos droits ; la bataille pour notre propre civilisation relève entièrement de nous-mêmes, et le problème doit être résolu par nous.

Nous devons utiliser notre temps libre, jour et nuit, pour nous éduquer. Organisons des écoles du soir pour les adultes et n'ayons pas honte d'y assister. Encouragez nos propres hommes et femmes de lettres ; abonnez-vous et assurez-vous de payer pour les articles publiés par des hommes de couleur. Ne vous arrêtez pas pour vous demander si le journal vivra ; mais encouragez-le et faites-le vivre.

À l'exception de quelques sociétés de bienfaisance, nous sommes aussi éloignés les uns des autres que l'Est l'est de l'Ouest.

CHAPITRE XXVII.

L'UNION fait la force, est depuis longtemps devenu un proverbe. Les gens de couleur du Sud devraient immédiatement former des associations, se regrouper et les rendre forts, et se montrer à la hauteur face à tous les risques. Toutes les races civilisées se sont élevées grâce à la combinaison et à la coopération. L'Irlandais, l'Allemand, le Français viennent tous pauvres dans ce pays, et ils n'y restent que peu de temps avant de les voir réussir dans quelque branche d'affaires. Ce succès n'est pas le résultat d'efforts individuels, mais le résultat d'une combinaison et d'une coopération. Tout ce qu'un Irlandais a à dépenser, il le met dans la caisse d'un de ses propres compatriotes, et cela explique le succès irlandais.

Un Allemand réussit dans ce pays parce que tous ses compatriotes le soutiennent dans toutes les affaires qu'il entreprend. Un Allemand se mettra en difficulté et fera des kilomètres pour dépenser de l'argent avec quelqu'un de sa race et de sa nationalité.

Malgré toute son inconstance, le Français n'oublie jamais de découvrir et de fréquenter l'un des siens. Les Italiens se rassemblent et se soutiennent, à tort ou à raison. Les Chinois sont claniques et se serrent les coudes. La race caucasienne est la première au monde dans tout ce qui touche à la civilisation avancée, simplement parce qu'un Anglais ne franchit jamais la porte d'un compatriote pour fréquenter une autre race ; et un Yankee est un Yankee tous les jours de sa vie et n'abandonnera jamais ses couleurs. Mais où est le nègre ?

Un homme de couleur, gentleman et bien informé, est venu me voir il y a quelques jours, désireux de me communiquer quelques renseignements importants, et il a commencé par me dire : « Maintenant, docteur, ce que je vais vous dire, vous pouvez compter sur ce qu'il est. c'est vrai, parce que je l'ai tenu d'un homme blanc – aucun nègre ne m'a dit ça.

Sur Duke Street, à Alexandria, en Virginie, réside un Irlandais qui a démarré son activité à cet endroit il y a une douzaine d'années, avec deux cruches, l'une remplie de whisky, l'autre de mélasse, un peu de porc, des légumes, du sucre et du sel. De l'autre côté de la rue se trouvait notre bon ami, M. AS Perpener. Ce dernier possédait un magasin de provisions respectable, sans le whisky. Les gens de couleur habitaient la plus grande partie de la rue. Ont-ils fréquenté leur propre compatriote ? Même pas un peu. Les affaires de l'Irlandais se développèrent rapidement ; il agrandit bientôt ses locaux, ajoutant du bois et du charbon à ses ventes. Perpener a fait de même, mais les noirs sont passés par là et sont passés de l'autre côté, ont donné leur patronage au fils d'Erin, qui a maintenant des maisons « à louer », mais il ne les louera pas à des locataires de couleur.

Les Juifs, bien que dispersés à travers le monde, restent juifs. Ils ont maintenu leur race et leur religion dans tous les pays et à toutes les époques. Ils ne s'abandonnent jamais. S'ils se disputent à propos d'un commerce, ils se rattrapent à temps pour s'unir contre le reste de l'humanité. Shylock dit : « J'achèterai avec vous, je vendrai avec vous, je parlerai avec vous, je marcherai avec vous, et ainsi de suite ; mais je ne mangerai pas avec toi, je ne boirai pas avec toi et je ne prierai pas avec toi. Ainsi, le Juif, malgré tout son amour de l'argent, ne renoncera pas à sa religion pour satisfaire les autres, et c'est pour cela que nous l'honorons.

C'est le malheur de notre race que l'impression prévaut selon laquelle « un nègre vaut un autre ». Or, c'est une grave erreur ; il y a des hommes de couleur dans ce pays qui sont aussi loin devant les autres de leur propre race que Webster et Sumner étaient supérieurs à l'homme blanc moyen.

Là encore, nous n'avons aucune confiance les uns dans les autres. Nous considérons que les marchandises achetées dans le magasin d'un homme blanc sont nécessairement meilleures que celles achetées auprès d'un homme de couleur.

Aucun homme n'a jamais réussi s'il manquait de confiance en lui. Aucune race n'a jamais prospéré ou ne fera jamais une histoire respectable sans avoir confiance en sa propre nationalité.

Ceux qui n'apprécient pas leur propre peuple ne seront pas appréciés par les autres. Si un homme blanc tapote l'épaule d'un homme de couleur, s'incline devant lui et l'appelle « Monsieur », il fera tout son possible pour le prendre en considération, si ce faisant, il croise un marchand de première classe. sa propre race. J'ai demandé à un homme de couleur en Colombie s'il favorisait M. Frierson. Il a dit non." J'ai demandé: "Pourquoi?" «Il ne m'a jamais invité chez lui de sa vie», fut la réponse.

"Est-ce que l'homme blanc avec qui vous traitez vous invite?"

"Non."

« Alors, pourquoi attendez-vous que M. Frierson le fasse ? »

"Oh! c'est un nègre et j'attends plus de lui que d'un homme blanc. Il est donc clair que c'est le résultat de la jalousie.

Le cas récent des mauvais traitements infligés au cadet Whittaker, à West Point, montre très clairement le caractère peu méfiant du nègre lorsqu'il a affaire aux Blancs. Bien que Whittaker ait été averti à plusieurs reprises qu'une attaque allait être lancée contre lui, et qu'on lui ait particulièrement demandé de faire attention à l'agression la nuit même où le crime avait été commis, il s'est couché avec la porte de sa chambre déverrouillée et s'est endormi profondément. , sans arme ni moyen de défense à proximité de lui.

C'était, pour tout le monde, comme un nègre. Un Yankee aurait eu un revolver avec chaque chambre chargée ; un Irlandais aurait dormi avec un œil ouvert et une grosse shillalah dans la main droite, et selon toute probabilité, quelqu'un aurait eu de belles funérailles après l'attaque. Mais ce manque de courage et d'énergie, si caractéristique de cette race, a permis de perpétrer l'un des crimes les plus ignobles qui aient été révélés au grand jour depuis des années.

Mais la partie la plus honteuse de toute cette transaction revient à la Cour d'enquête, qui se déroule actuellement à West Point sous la supervision de fonctionnaires américains . Les cadets insensibles et indisciplinés qui ont indigné Whittaker ont sans aucun doute élaboré un plan profond pour brouiller leurs traces, et c'était pour faire croire que leur victime s'était infligée ses propres blessures. Et s'appuyant sur cette théorie, un des jeunes coquins, qui sans doute répétait pour la circonstance, se porta volontaire pour montrer à la Cour comment le nègre avait pu pratiquer l'imposition.

Et, chose étrange à dire, ces sages *enquêteurs* étaient assis tranquillement et regardaient pendant que le jeune voyou s'allongeait sur le sol, s'attachait et expliquait comment la chose avait été faite.

Si la victime avait été un homme blanc et ses persécuteurs noirs, peut-on croire un seul instant qu'une telle théorie aurait été écoutée ?

Des générations d'oppression ont fait leur travail avec trop de minutie pour que ses traces soient effacées en une douzaine d'années. La race doit être éduquée pour sortir de l'ignorance dans laquelle elle vit actuellement et élevée au niveau des autres races. Les avocats, les médecins, les artisans et les mécaniciens de couleur ont faim de patronage, tandis que le nègre supplie l'homme blanc de faire son travail. Les combinaisons ont fait d'autres races ce qu'elles sont aujourd'hui.

Les grandes réalisations des hommes scientifiques n'auraient pas pu être concrétisées par un effort individuel. Les grandes œuvres de génie n'auraient jamais pu profiter au monde si ceux qui les ont composées avaient été mesquins et égoïstes. Toutes les grandes et utiles entreprises ont réussi grâce à l'influence et à l'énergie du nombre.

Je n'aurais pas cru que tous les hommes de couleur devaient se laisser acheter par les sourires des hommes blancs ou être effrayés par l'intimidation. Loin de là. Dans tous les États du Sud, nous avons certains des plus nobles spécimens de l'humanité, des hommes de génie, de raffinement, de courage et de libéralité, prêts à faire et à mourir pour la race.

CHAPITRE XXVIII.

DES CONSEILS sur la formation d'associations littéraires et l'abstinence totale de toute ivresse sont nécessaires, et je vous les donnerai dans ce chapitre. Le moment est venu pour les hommes et les femmes de couleur de s'organiser pour s'améliorer. Le développement moral, social et intellectuel devrait être la principale réalisation de la race noire. Les gens de couleur ont depuis si longtemps l'habitude de singer les Blancs, et souvent pas non plus la classe supérieure, que je crains cette caractéristique chez eux plus que toute autre chose. Un grand pourcentage d'entre eux étant serveurs, ils voient beaucoup d'alcool dans la société blanche des « Upper Ten ». Ne suivez pas leur mauvais exemple. Prenez garde à leur dégradation.

Au cours de l'année 1879, Boston envoya quatre cents femmes ivres à la prison de Sherborn ; tandis que deux asiles privés sont pleins, la plupart appartenant aux premières familles de Boston. Par conséquent, je vous implore de ne jamais permettre à cette substance intoxicante d'entrer dans vos cercles.

Il est déjà assez grave pour les hommes de tomber dans l'habitude de l'ivresse. Un mari ivre, un père ivre – seuls les femmes et les enfants patients, au cœur brisé et au visage honteux sur lesquels est posée cette grande croix de souffrance, peuvent estimer la misère qu'elle apporte.

Mais une fille ivre, une épouse ivre, une mère ivre, y a-t-il pour la femme une profondeur plus profonde ? La maison est devenue hideuse – des enfants déshonorés, négligés et maltraités.

N'oubliez pas que tout cela vient du premier verre. Le vin peut être agréable au goût et peut, pour le moment, fournir du bonheur ; mais il ne faut jamais oublier que, quel que soit le degré d'exaltation que l'usage du vin puisse produire chez une personne saine, il sera très certainement suivi d'un degré de dépression nerveuse proportionné à la quantité d'excitation antérieure. C'est pourquoi l'usage immodéré du vin, ou sa consommation habituelle, affaiblit le cerveau et le système nerveux, paralyse les facultés intellectuelles, altère les fonctions de l'estomac, produit un appétit pervers pour le renouvellement de cette boisson délétère, ou une imagination morbide qui détruit l'utilité de l'homme.

Le prochain besoin important de notre peuple est de cultiver des habitudes commerciales. Nous avons été si longtemps une race dépendante, ayant si longtemps pris les Blancs comme dirigeants et nous contentant d'accomplir les corvées de la vie, que la plupart de ceux qui se lancent en affaires à leur compte risquent d'échouer, faute de savoir ce que nous faisons. entreprendre. Comme l'éducation d'une grande partie des gens de couleur est d'un caractère fragmentaire, ayant été acquise petit à petit ici et là, et doit nécessairement être limitée dans une certaine mesure, nous devrions consacrer nos heures libres à l'étude et former des associations pour culture morale, sociale et littéraire . Nous devons viser à nous éclairer et à influencer les autres vers des associations supérieures.

Notre travail réside principalement dans la culture intérieure, aux sources et aux sources de la vie et du caractère individuels, cherchant partout à encourager et à aider à l'émancipation la plus complète de l'esprit humain de l'ignorance, invitant à la plus grande liberté de pensée et à la plus grande exaltation possible. de la vie pour se rapprocher des normes plus élevées du caractère cultivé. Sentant que la littérature de notre époque est le reflet des manières et des modes de pensée existants, éthérés et raffinés dans l'alambic du génie, nous devrions donner notre principal encouragement à la littérature, en mettant devant nos associations l'importance des essais originaux, des lectures choisies, et la culture du talent musical.

Si nous avons besoin d'une preuve du bien qui résulterait d'une telle culture, il suffit de regarder en arrière et de voir la merveilleuse influence d'Homère sur les Grecs, de Virgile et d'Horace sur les Romains, de Dante et de l'Arioste sur les Italiens, de Goethe. et Schiller sur les Allemands, de Racine et Voltaire sur les Français, de Shakespeare et Milton sur les Anglais. Les pouvoirs imaginatifs de ces hommes, transposés en vers ou en prose, ont été le thème du roi dans son palais, de l'amant dans ses humeurs rêveuses, du fermier dans le champ de moisson, du mécanicien dans l'atelier, du marin sur le en haute mer, et le prisonnier dans sa cellule sombre.

En effet, les auteurs possèdent les esprits les plus doués et les plus fertiles qui combinent toutes les grâces du style avec des pouvoirs rares et fascinants de langage, d'éloquence, d'esprit, d'humour, de pathétique, de génie et d'érudition. Et puiser des connaissances à partir de telles sources devrait être l'un des objectifs les plus élevés de l'homme. Les meilleurs éléments de la société ne peuvent être rassemblés qu'en organisant des sociétés et des clubs.

La culture de l'esprit est la superstructure du caractère moral, social et religieux, qui nous suivra dans notre vie quotidienne et fera de nous ce que Dieu a voulu que nous soyons : les instruments les plus nobles de sa puissance créatrice. Nos efforts devraient viser à imprégner nos esprits d'une vision plus large et meilleure de la science, de la littérature et d'une noblesse d'esprit qui ignore les mesquins objectifs de patriotisme, de gloire ou de simple agrandissement personnel. On dit que jamais une ombre ne tombe qui ne laisse une empreinte permanente de son image, un monument de sa présence passagère. Chaque personnage est modifié par association. Les mots, image des idées, sont plus impressionnants que les ombres ; des actions, des pensées incarnées, plus durables que tout ce qui est matériel.

Croyant donc à ces vérités, dis-je, pour chaque pensée exprimée, ennoblissant dans sa tendance et élevant à la dignité chrétienne et à l'honneur viril, Dieu nous récompensera. Le succès permanent dépend de la valeur intrinsèque. La meilleure façon d'avoir un caractère public est d'en avoir un privé.

La grande lutte pour notre élévation est maintenant contre nous-mêmes. Nous pouvons parler d'Hannibal, d'Euclide, de Phyllis, de Wheatly, de Benjamin Bannaker et de Toussaint L'Ouverture, mais le monde nous demandera quels sont nos hommes et nos femmes du moment. Nous ne pouvons pas vivre sur le passé ; nous devons nous forger une réputation qui résistera à l'épreuve, une réputation à laquelle nous avons un droit légitime. Pour ce faire, nous devons imiter les meilleurs exemples que nous donnent les Blancs cultivés et, ce faisant, nous leur apprendrons qu'ils ne peuvent prétendre à aucune supériorité en raison de la race.

Les efforts déployés par les nations ou les communautés opprimées pour se débarrasser de leurs chaînes leur donnent droit et leur gagnent le respect de l'humanité. Ceci, les Noirs ne l'ont jamais fait, ou ce qu'ils ont fait, était si faible qu'il appelle à peine un commentaire. La planification d'une insurrection en Caroline du Sud par Denmark Vesey était noble et méritait un sort meilleur ; mais il a été trahi par la race qu'il tentait de servir.

La grève de Nat Turner pour la liberté était l'explosion de sentiments d'un homme fou, rendu ainsi par l'esclavage. Il est vrai que le nègre rendit de bons services aux batailles de Wagner, Honey Hill, Port Hudson, Millikin's Bend, Poison Springs, Olustee et Petersburg. Pourtant, il aurait été bien préférable qu'ils aient commencé plus tôt ou qu'ils aient été dirigés par des dirigeants de leur propre couleur. La révolution de Saint-Domingue a donné naissance à des hommes courageux. Mais l'évolution ultérieure du peuple en tant que gouvernement ne reflète que peu ou pas d'honneur pour la race. Ils flottent comme un navire sans gouvernail, depuis l'expulsion de Rochambeau.

Le fait est que le monde aime voir les peuples opprimés faire preuve de courage, même s'ils échouent dans leur objectif. Ce sont ces explosions d'amour de la liberté qui suscitent le respect et la sympathie pour les esclaves. Par conséquent, je demande à Dieu d'accélérer les hommes et les femmes du Sud, dans leurs efforts pour briser la longue période de léthargie qui pèse sur la course. Ne soyez pas trop téméraire en commençant, mais préparez-vous à partir, et « ne vous tenez pas à l'ordre de partir, mais partez ». De droit commun, le Sud est la patrie des nègres. Né et « élevé » là-bas, il a défriché les terres, construit les villes, nourri et habillé les Blancs, soigné leurs enfants, gagné de l'argent pour éduquer leurs fils et leurs filles ; grâce aux travailleurs nègres, des églises furent construites et les ecclésiastiques furent payés.

Pendant deux cents ans, les Blancs du Sud ont mené une vie paresseuse aux dépens de la liberté des nègres. Lorsque la rébellion a éclaté, les Noirs, fidèles et fidèles jusqu'au bout, ont protégé les familles et les foyers des hommes blancs pendant qu'ils combattaient le gouvernement. Le Sud est la maison de l'homme noir ; mais s'il ne peut pas être protégé dans ses droits, il doit partir. Là où les hommes blancs aux opinions libérales ne peuvent obtenir aucune protection, les hommes de couleur ne doivent pas la chercher. Suivez l'exemple d'autres races opprimées et partez à la conquête de nouveaux territoires. Si la souffrance en est le résultat, laissez-la venir ; d'autres ont souffert avant vous. Regardez les Irlandais, les Allemands, les Français, les Italiens et d'autres races qui sont venus dans ce pays, sont partis vers l'Ouest et jouissent maintenant des bénédictions de la liberté et de l'abondance ; tandis que le nègre discute de la question de savoir s'il doit ou non quitter le Sud, simplement parce qu'il y est né.

Pendant qu'ils débattent ainsi du sujet, leurs anciens oppresseurs, voyant que le nègre a touché la bonne corde, lui interdisent de quitter le pays. La Géorgie a érigé en délit le fait d'inviter les Noirs à émigrer, et un Noir est déjà en prison pour avoir voulu améliorer la condition de ses semblables. C'est le même esprit qui poussa les habitants de cet État à offrir, en 1835, une récompense de cinq mille dollars au chef de garnison. Aucun peuple n'a supporté l'oppression comme le nègre, et aucune race n'a été autant imposée. Allez dans son propre pays. Demandez au rustre hollandais d'où lui vient son mépris et son aversion intérieure pour le nègre, le Hottentot et le Caffre ; demandez-lui son mandat pour réduire en esclavage ces races malheureuses ; il montrera les armes à feu suspendues au-dessus de la cheminée : « Voilà mon droit.

Le manque d'indépendance est le plus grand défaut de l'homme de couleur. Dans l'état actuel des États du Sud, avec des terres aux mains d'une population de mauvaise qualité, ignorante, superstitieuse, rebelle et haïssant les Noirs, les Noirs ne peuvent pas être indépendants. Ensuite, émigrez pour vous éloigner de l'environnement qui vous maintient là où vous êtes. Tout ne peut pas aller, même si cela était souhaitable ; mais ceux qui resteront auront une meilleure opportunité. Les planteurs devront alors mener une politique différente. Le droit des nègres de conclure les meilleures conditions possibles devra être reconnu, et ce qui était auparavant une présomption qui appelait à la répression sera désormais toléré comme faisant partie des privilèges de la liberté. La possibilité pour les nègres de changer de lieu de résidence orientera également l'opinion publique contre le bulldozer.

Deux cents ans ont démontré que le nègre est le travailleur manuel de cette section, et sans lui l'agriculture serait au point mort.

Le nègre accomplira contre rémunération n'importe quel service sous le ciel, aussi répugnant ou difficile soit-il. Il chantera ses vieilles mélodies de plantation et se promènera dans les champs de coton en juillet et août, lorsque l'homme blanc le plus coriace cherche un auvent. La chaleur est son élément. Il ne craint pas le paludisme dans les rizières, où la vie d'un homme blanc ne vaut pas six pence.

Alors, dis-je, quittez le Sud et affamez les Blancs pour qu'ils réalisent la justice et le bon sens. N'oubliez pas que les tyrans ne lâchent jamais prise sur leurs victimes jusqu'à ce qu'elles y soient forcées.

Que les Noirs émigrent ou non, je leur dis : éloignez-vous des villes et des villages. Allez à la campagne. Allez travailler dans les fermes.

Si vous vous arrêtez en ville, obtenez un métier ou un métier, mais gardez à l'esprit qu'un bon métier vaut mieux qu'un mauvais métier.

A Boston, il y a un grand nombre de professionnels de couleur, surtout dans le domaine juridique, et la majorité d'entre eux sont mieux préparés aux travaux agricoles , aux travaux mécaniques ou à la conduite d'un chariot à cendres.

Les gens ne devraient pas choisir une profession sous prétexte d'être un « professionnel », ni parce qu'ils pensent qu'ils mèneront une vie facile. Une réputation professionnelle honorable, lucrative et fidèlement méritée est une carrière d'honnêteté, de patience, de sobriété, de labeur et de zèle chrétien.

Aucun drone ne peut occuper un tel poste. Sélectionnez la profession ou le métier que votre éducation, votre inclination, votre force d'esprit et votre corps soutiendront, puis consacrez votre temps au travail que vous avez entrepris, et travaillez, travaillez.

Une fois de plus, je dis à ceux qui ne peuvent obtenir un emploi rémunérateur dans le Sud d'émigrer.

Certains disent : « restez et combattez, défendez vos droits, ne vous laissez pas chasser par les vieux rebelles, le pays est autant le vôtre que le leur ». Ce genre de discours conviendra très bien aux hommes qui ont des foyers confortables dans le Sud et une loi pour les protéger ; mais pour le nègre, sans maison, sans nourriture, sans travail, et dont le propriétaire terrien lui offre des conditions qui lui permettent de faire à peine mieux que mourir de faim, de tels propos sont absurdes. Combattre quoi ? Faim? Pauvreté? Froid? Famine? Hommes noirs, émigrez.

CHAPITRE XXIX.

EN Amérique, le nègre constitue une race à part. Il est sans conjoint ni compagnon dans la grande famille des hommes. Quels que soient les progrès qu'il réalise, ils doivent être principalement le fait de ses propres efforts. C'est un fait regrettable et auquel il ne semble y avoir aucun remède.

Toute l'histoire démontre la vérité selon laquelle la fusion est le grand civilisateur des races humaines. Partout où une race, un clan ou une communauté sont restés unis, interdisant par la loi, l'usage ou le consentement commun, les mariages mixtes avec d'autres, ils n'ont fait que peu ou pas de progrès. Les Juifs, un peuple distinct et isolé, ne sont bons qu'à négocier et à s'enrichir. Les Gitans commencent et s'arrêtent avec le commerce des chevaux. Les Irlandais, dans leur propre pays, sont ennuyeux. La race copte ne forme qu'une poignée de ce qu'elle fut : ces bâtisseurs sans égal dans les temps anciens et modernes. Que sont-ils devenus ? Où sont les Romains ? Quelles races ont-ils détruites ? Quelles races ont-ils supplantées ? Pendant quatorze siècles, ils ont régné sur le monde semi-civilisé ; et maintenant ils ne sont pas plus remarquables que les anciens Scythes, ou Mongols, Coptes ou Tartares. Un peuple non fusionné et inactif déclinera. Il en fut ainsi des Mexicains lorsque Cortès marcha sur le Mexique, et des Péruviens lorsque Pizarro marcha sur le Pérou.

Les Britanniques étaient un peuple ennuyeux et léthargique avant que leur pays ne soit envahi, et le sang chaud et romantique de Jules César et de Guillaume de Normandie coulait dans leurs veines.

Caractacus, roi des Bretons, fut capturé et envoyé enchaîné à Rome. Plus tard encore, Hengist et Horsa, les généraux saxons, imposèrent aux Britanniques les conditions les plus humiliantes, auxquelles ils furent contraints de se soumettre. Puis vint Guillaume de Normandie, qui battit Harold à Hastings, et le sang des pirates terrestres et des voleurs de mer les plus célèbres qui aient jamais déshonoré l'humanité, se mêla aux Britanniques et aux Saxons, et donna au monde la race anglo-saxonne, avec ses capacité physique, esprit fort, esprit courageux et entreprenant. Et pourtant, tout ce qu'est cette race, elle le doit à son sang mêlé. La civilisation, ou la condition sociale de l'homme, est le résultat et l'épreuve des qualités de chaque race. Le nègre ne pourra jamais profiter du bénéfice de ce mélange sanguin sur ce continent. Dans le Sud où il est élevé, au Nord, à l'Est ou à l'Ouest, c'est pareil, aucun sang neuf ne doit être infusé dans ses veines atones.

Son seul espoir est l'éducation, les professions, les métiers et la copie des meilleurs exemples, quelle que soit leur source.

Cette antipathie à l'égard de l'amalgame avec le nègre s'est manifestée dans tous les États. La plupart des législatures des États du Nord et de l'Est se sont prononcées sur cette question il y a des années. Depuis l'arrivée de cette année, le Sénat du Rhode Island a refusé d'abroger l'ancienne loi interdisant les mariages mixtes entre blancs et noirs . Ainsi, l'homme de couleur est laissé « pagayer seul sur son propre canot ». Là où il n'y a pas de loi contre le mélange des deux races, il existe un sentiment public qui est souvent plus fort que la loi elle-même. Même le sang sauvage de l'Indien rouge refuse de se mêler au sang paresseux du nègre. Ce n'est pas une mince affaire, car la haine raciale, les préjugés et la méchanceté commune disparaissent tous devant le pouvoir fondant de la fusion. La beauté des métis du Sud, résultat du crime de l'esclavage, a longtemps retenu l'attention des écrivains, et pourquoi pas un mélange licite ? Et puis cela pourrait aider

« Rendre une race bien plus belle et plus juste,
un peu plus sombre que ne le sont les Blancs :
plus forts, plus nobles et de meilleure forme,
des cœurs plus voluptueux, plus gentils et plus chaleureux ;
Des seins de beauté, qui se soulèvent avec une fierté que
la nature a jamais refusée aux Blancs.

L'émigration vers d'autres États, où les Noirs entreront en contact avec des Blancs instruits et entreprenants, leur fera beaucoup de bien. Ce bénéfice des relations commerciales se voit chez les quatre mille personnes de couleur qui sont venues à Boston, où la plupart d'entre elles sont employées comme domestiques. Ils sont recherchés comme les meilleurs domestiques de la ville. Certains de ces gens, qui étaient esclaves avant la guerre, se livrent désormais à des activités commerciales, font de bonnes affaires et montrent ce que le contact peut faire. Beaucoup d'entre eux se classent parmi les Blancs les plus compétents dans les mêmes métiers. En effet, les différentes professions sont bien représentées par les hommes du Sud, ce qui montre clairement la nécessité de l'émigration. Bien que l'homme de couleur ait commis une grave faute en ne faisant pas valoir son droit à la liberté, il a, il est vrai, fait preuve de capacités dans d'autres domaines. Benjamin Banneker, un nègre du Maryland, qui vécut il y a cent ans, montrait de splendides qualités naturelles. Il avait une rapidité d'appréhension et une vivacité de compréhension qui englobaient et surmontaient facilement les parties les plus subtiles et les plus épineuses des mathématiques et de la métaphysique. Il possédait dans une large mesure ce génie qui constitue un homme de lettres ; cette qualité sans laquelle le jugement est froid et la connaissance est inerte ; cette énergie qui collecte, combine, amplifie et anime.

Les progrès rapides réalisés dans l'acquisition d'une éducation et d'une propriété par les gens de couleur du Sud, malgré des circonstances défavorables, méritent la plus haute admiration de toutes les classes.

Le produit de leur génie et de leur industrie indigènes, tel qu'exposé aux foires agricoles du comté et de l'État, parle bien en faveur de la race.

Lors de la Foire nationale, tenue à Raleigh, Caroline du Nord, à l'automne 1879, l'exposition fit grand honneur aux citoyens de couleur du Sud, qui avaient la responsabilité de l'affaire. De telles manifestations d'entreprise intellectuelle et mécanique contribueront grandement à stimuler le peuple à développer davantage ses pouvoirs et ses capacités supérieures.

Les gens de couleur des États-Unis ont cruellement besoin d'une association scientifique nationale, à laquelle pourraient être présentés des rapports annuels sur les recherches qui peuvent être réalisées dans les domaines de la science, de la philosophie, de l'art, de la philologie, de l'ethnologie, de la jurisprudence, de la métaphysique et de tout ce qui peut tendre vers eux. unir la race dans son *perfectionnement* moral, social, intellectuel et physique.

Nous avons des artistes nègres de haut niveau, tant en peinture qu'en sculpture ; aussi, des découvreurs qui détiennent des brevets, et pourtant le monde ne sait pas grand-chose ou rien à leur sujet. Le moment est venu pour le nègre de déterminer son destin. Qu'il se montre maintenant à la hauteur de l'heure.

Dans cet ouvrage, j'ai fréquemment utilisé le mot « nègre » et j'en entendrai sans doute parler lorsque les critiques nègres verront le livre. Et pourquoi ne devrais-je pas l'utiliser ? N'est-ce pas honorable ? Qu'y a-t-il dans le mot qui ne sonne pas aussi bien que « anglais », « irlandais », « allemand », « italien », « français » ?

« Ne me traitez pas de nègre ; Je suis américain», me disait un Noir il y a quelques jours.

"Pourquoi pas?" J'ai demandé.

"Eh bien, monsieur, je suis né dans ce pays et je ne veux pas qu'on l'appelle par mon nom."

À ce moment-là, un Irlandais-Américain est arrivé et m'a serré la main. C'était un de mes voisins à Cambridge. Une fois le jeune homme parti, j'ai demandé à l'homme noir quel compatriote il pensait qu'il était.

"Oh!" répondit-il, c'est un Irlandais.

"Qu'est-ce qui te fait penser cela?" J'ai demandé.

"Eh bien, son accent suffit à le dire."

« Alors, dis-je, pourquoi votre couleur n'est-elle pas suffisante pour indiquer que vous êtes nègre ? »

« Ah ! » dit-il, "c'est un cheval d'une autre couleur", et il me laissa avec un "Ha, ha, ha!"

Hommes noirs, n'ayez pas honte d'afficher vos couleurs et de les posséder.